sujets seuls

D1866894

ANNALES baccalauréat 1996

Français

Toutes séries

Avec un texte inédit de Dan Franck

vuibert

ISBN : 2-7117-9532-2

ISBN : 2-7117-9532-2

A celui qui dans la panique achète les Annales

… nous l'avons tous fait.
Mais certains ont su s'en servir
d'autres pas

Si ton but
O lecteur – ou charmante lectrice –
est d'apprendre très vite
pour ne pas rester
sec
Tu cours
à la
catastrophe

Si tu es réellement
curieux (curieuse)
de cas un peu subtils
alors oui
creuse à fond

P.-G. de Gennes

La chute des corps
PG 93

Dans un roman de Giono, une mère écrit à son fils âgé d'une vingtaine d'années : « *Sois toujours très imprudent, mon petit, c'est la seule façon d'avoir un peu de plaisir à vivre* ».

Réponse du fils, cinquante ans plus tard.

Chère maman,

Toute ma vie, suivant ton conseil, je me suis efforcé de manquer de prudence. J'ai bravé des foudres multiples, à commencer par les tiennes et celles de mon père. J'ai multiplié les excès - blagues, fantaisies, inconstances diverses. J'ai toujours préféré les bas-côtés et ceux qui s'y trouvent aux vertueux conducteurs de nos autoroutes, si longues, si droites, mais tellement ennuyeuses ! Après quelque soixante années d'assez bons et de presque loyaux services (tout de même), je passe pour un homme libre. C'est là le premier de tous les bénéfices, sans doute le plus important, à mes yeux, de ton précepte si... paradoxalement sage.

Libre, donc. Du point de vue des idées, éloigné des chapelles, des obscurantismes. Non pas passif, risque majeur, moins encore opportuniste, lâcheté terrible, d'un bord plutôt que de l'autre, m'étant parfois trompé, exigeant, insolent, passionné. Un peu mal élevé, forcément.

Les amours m'ont beaucoup grandi. J'ai pris, abandonné ; j'ai été pris, abandonné. Voie active, voie passive : l'amour est une grammaire. J'en ai goûté les turbulences, les plaisirs et les déraisons. Ce furent de merveilleuses images dont il me reste encore quelques parfums, le fil ténu d'une trame, ici ou là. Fermant les yeux, j'aperçois des visages, un geste, j'entends le cristal d'un rire, la basse continue d'un chagrin. Ces femmes qui furent les blanches et les noires de ma vie, me manquent aujourd'hui. Aucune n'est restée. J'ai préféré la violence des vagues et des tempêtes à la sérénité des mouvements d'une âme. Et c'est ici, chère maman, que parmi toutes les imprudences qui furent les miennes, une seule me pèse encore, une seule me pèsera toujours : n'avoir pas songé que si la prudence n'est certainement pas la mère des vertus, elle en est néanmoins la sœur. Elle ne préside pas à nos destinées d'enfant, mais elle recueille le suc de nos vies d'adulte. Je ne regrette pas ma jeunesse. Cependant, les flammes se sont penchées avec les années, et aujourd'hui, il me faudrait une épaule pour me tenir droit. La seule qui accepte de céder à mes caprices d'homme libre, à mes sautes d'humeur et à mon inconstance permanente, à la douceur du buis, la taille d'un jonc et un pied en caoutchouc. Une canne. Elle est mon seul bâton de vieillesse. A vingt ans, à trente ans, plus tard encore, mes châteaux d'Espagne l'eussent séduite par leurs joies et leurs débordements. Aujourd'hui, je l'ennuie, et je m'ennuie moi-même. Par chance, j'ai commencé tard. Et même si, souvent, je pense aux fondations que jamais je n'ai voulu construire bien qu'elles eussent contribué à la sérénité de la vieillesse, je te donne raison, ma mère, d'avoir encouragé mes penchants pour l'inconstance. Sinon, seule la mort m'eût paru nouvelle.

Dan Franck

Avertissement

Ce recueil de sujets est destiné à la fois aux élèves et aux professeurs. Son but est de présenter des sujets utiles à la préparation du Baccalauréat 1996. Aussi les sujets ont-ils été adaptés aux nouvelles épreuves de l'examen. Pour les deux premières parties *Étude d'un texte argumentatif* et *Commentaire littéraire*, nous avons modifié l'intitulé de certaines questions afin de rendre les sujets conformes aux nouveau baccalauréat. Nous avons, en outre, proposé des sujets inédits. Pour ce qui est de la troisième partie, *Dissertation sur un programme littéraire*, nous avons proposé des sujets.

En tête de chaque sujet est indiqué sa difficulté (*, **, ***) et le(s) thème(s) abordé(s). Une analyse du sujet permet ensuite d'orienter sa réflexion.

La mention ➡ **CORRIGÉ** renvoie aux Annales corrigées n° 33.

En fin de volume, se trouve un glossaire qui apporte une aide précieuse à l'élève.

Sommaire

Instructions officielles

Épreuves écrites, durée 4 h.

Coefficient 3 série L.

Coefficient 2 séries S et ES.

Épreuves orales : durée 20 mn.

Coefficient 2.

Séries générales

Les sujets sont les mêmes pour l'épreuve écrite anticipée en classe de première et l'épreuve écrite subie par dérogation en classe terminale.

Trois sujets sont proposés au choix des candidats :

- étude d'un texte argumentatif ;
- commentaire littéraire ;
- dissertation sur un sujet littéraire.

PREMIER SUJET :

ÉTUDE D'UN TEXTE ARGUMENTATIF

L'épreuve s'organise autour d'un texte argumentatif (éventuellement de deux textes), d'une longueur n'excédant pas 800 mots, et avec toute la variété de choix que cette qualification autorise : passage d'un essai ou d'un ouvrage théorique, texte polémique ou pamphlet, article de presse, préface d'un ouvrage littéraire, poème à contenu argumentatif, etc.

On veille, dans le choix du ou des textes proposés, à la qualité de la langue et à la cohérence de la pensée.

Les coupures, que l'on s'efforce autant que possible d'éviter, sont signalées, conformément aux conventions typographiques en usage, par des points de suspension entre des crochets droits.

L'épreuve comprend deux parties, notées chacune sur 10 points.

1) Trois ou quatre questions précises et progressives, liées à ce type de texte et guidant vers sa compréhension globale. Ces questions peuvent par exemple porter sur le système énonciatif (pronoms personnels, procédés de modalisation, modes de citation, etc.), l'organisation lexicale, la structure logique et rhétorique, le maniement de l'implicite, les buts et modalités de l'argumentation, etc. Les réponses à ces questions doivent être entièrement rédigées.

2) Un travail ou des travaux d'écriture visant, à partir de consignes précises, à évaluer la capacité du candidat à entrer dans le débat fixé par le ou les textes fournis, à en peser les choix argumentatifs, à discuter, réfuter, étayer, reformuler, résumer, tout ou partie de l'argumentation ou des argumentations en présence.

DEUXIÈME SUJET :

COMMENTAIRE LITTÉRAIRE

L'épreuve porte sur un texte relevant des divers genres littéraires (poésie, théâtre, récit, littérature d'idée, etc.). La longueur du texte est d'une vingtaine de lignes ou de vers (sans exclure pourtant le sonnet ni, le cas échéant, un extrait d'une quarantaine de lignes d'une pièce de théâtre).

Le texte ne doit comporter aucune coupure. Il est accompagné de toutes les références et indications indispensables (titre de l'œuvre, date de sa publication, notes éventuelles et, si besoin est, indications sur le contexte précis dans lequel le passage prend sens).

L'épreuve comporte deux parties : la première notée sur 4 points, la seconde sur 16 points.

1) Première partie : deux ou trois questions d'observation du texte.

Ces questions sont avant tout de l'ordre du repérage et de l'examen méthodique. Elles ont pour fin de guider l'investigation et d'ouvrir des perspectives sur le fonctionnement et l'interprétation du texte, qui seront pris en compte dans la seconde partie de l'épreuve.

Les réponses à ces questions doivent être entièrement rédigées.

2) Deuxième partie : un commentaire composé du texte. Ce commentaire ne fait pas l'objet d'un libellé particulier. Il doit répondre aux principes généraux de l'exercice, c'est-à-dire présenter avec ordre un bilan de lecture organisé de façon à donner force au jugement personnel qu'il prépare et qu'il justifie.

Plusieurs types de présentation sont possibles selon la nature du texte. Le candidat peut par exemple s'attacher à caractériser le texte en allant de l'observation à l'interprétation. Il peut reconstruire les étapes successives de la lecture et de la découverte. Il peut encore s'inspirer des structures mêmes du texte et de sa composition ou organiser son commentaire d'après les effets qui s'y développent.

Seule est exclue une présentation qui distinguerait artificiellement entre le fond et la forme, ou bien encore qui ferait se succéder au fil du texte, sans lien entre elles et sans perspective, des remarques ponctuelles et discontinues. Un commentaire ne saurait consister en une poussière de remarques.

TROISIÈME SUJET :

DISSERTATION SUR UN SUJET LITTÉRAIRE

L'épreuve porte sur un programme national autour d'œuvres ou de problématiques littéraires. Ce programme fait l'objet d'une publication au BOEN ; il est renouvelable chaque année.

L'épreuve consiste en une dissertation littéraire prenant appui sur une ou plusieurs des œuvres étudiées dans le cadre du programme. Le sujet porte sur une question que le candidat doit traiter grâce à une connaissance précise qu'il a des œuvres et, plus généralement, en faisant appel à l'ensemble des connaissances qu'il a acquises (connaissances sur les genres et l'histoire littéraires, lectures complémentaires, rapprochements avec d'autres formes d'expression artistique...)

ÉPREUVE ORALE OBLIGATOIRE
ET ÉPREUVE ORALE DE CONTRÔLE

Durée 20 mn.

Temps de préparation 20 minutes.

Étude de texte littéraire, suivie d'un entretien.

L'épreuve orale comporte deux parties:

1) La lecture d'un court passage (une quinzaine de vers ou une quinzaine de lignes en prose) tiré de la liste d'œuvres et de textes présentés par le candidat. Il peut s'agir de tout ou partie de l'un des textes réunis dans le cadre d'un groupement, ou d'un passage, quel qu'il soit, d'une des œuvres intégrales étudiées. Le candidat lit le texte à haute voix. Il l'examine méthodiquement. Il propose, en se fondant sur des remarques précises, un jugement motivé sur ce qui en constitue, à ses yeux, l'intérêt.

2) Un entretien qui permet à l'examinateur d'élargir l'interrogation, dans la perspective du groupement de textes ou de l'œuvre intégrale dont le texte étudié est extrait.

L'évaluation prend en considération les connaissances du candidat, ses capacités d'analyse et de réflexion, la correction et la netteté de son expression. La première partie de l'épreuve permet en outre d'apprécier plus précisément son aptitude à organiser son propos et à l'exposer avec ordre et clarté, la seconde son aptitude à entrer dans un dialogue et à argumenter dans un échange suivi.

La liste d'œuvres et de textes :

Pour que l'examinateur soit informé pleinement et sans équivoque du travail préparatoire du candidat, celui-ci présente une liste d'œuvres et de textes qui constitue un tableau fidèle de ce travail, qu'elle reflète dans sa cohérence et sa consistance. Cette liste est signée par le professeur et le chef d'établissement. Un exemplaire est annexé au livret scolaire.

La liste est construite selon les principes suivants :

1) Elle ne contient aucun texte à l'état de fragment isolé.

2) Elle comprend à la fois :

– des œuvres qui ont été lues dans leur intégralité et ont fait l'objet d'une étude d'ensemble, par exemple : une œuvre dramatique ou poétique, un roman, un récit, une nouvelle... (Certaines œuvres, que leur ampleur et leur complexité interdisent d'étudier intégralement, peuvent figurer dans la liste pour un fragment substantiel ayant fait l'objet d'une lecture ou d'une étude d'ensemble : par exemple, un livre d'un recueil poétique ou d'une œuvre autobiographique, un chapitre d'une œuvre d'idées, etc.) ;

– des groupements de textes choisis et étudiés selon une cohérence thématique ou problématique clairement formulée : par exemple, un groupe de poèmes permettant d'étudier l'évolution d'une forme fixe comme le sonnet ou un thème comme la fuite du temps chez les poètes romantiques, un choix de pages groupées pour l'étude de la critique de la société chez les philosophes du XVIIIe siècle, etc.

Un groupement de textes peut s'organiser autour d'une problématique ou d'une thématique autonome. Il peut aussi, dans le cadre d'une séquence cohérente, s'articuler avec l'une des œuvres intégrales étudiées.

3) La répartition des œuvres et des textes figurant sur la liste doit être telle que trois siècles au moins, du XVIe au XXe et chacun des genres littéraires principaux (poésie, roman, théâtre, littérature d'idées) soient représentés. A l'intérieur de chaque groupement, les références sont classées dans l'ordre chronologique.

4) La mention des œuvres et des groupements de textes est accompagnée d'indications sur la méthode adoptée pour leur étude et la lecture qui en a été faite (étude d'un thème poétique, d'un problème de dramaturgie, d'une structure narrative, analyse psychologique ou sociologique, histoire des idées ou des mythes, etc.). Éventuellement la démarche de travail personnelle du candidat est précisée (préparation d'un exposé ou d'un débat, réalisation d'une monographie, composition d'un dossier en travail autonome, lecture libre, etc.). Ces indications complètent l'information de l'examinateur. Elles ne limitent pas sa responsabilité et sa liberté dans le choix des textes et des questions. Il lui appartient d'adapter ses critères d'évaluation selon que le passage sur lequel porte l'interrogation a fait l'objet ou non d'une étude spécifique pendant l'année.

Séries technologiques

Choix entre trois types de sujet :

PREMIER SUJET : ÉTUDE D'UN TEXTE ARGUMENTATIF

Mêmes instructions que pour le bac général.

DEUXIÈME SUJET : ÉTUDE LITTÉRAIRE

L'épreuve comporte deux parties : la première notée sur 8 points, la seconde sur 12 points.

1 - Première partie : deux ou trois questions d'observation du texte (cf. bac général) ;

2 - Deuxième partie : deux ou trois questions d'analyse, d'interprétation ou de commentaire. Cette partie de l'épreuve vise à susciter une réflexion personnelle sur le texte ou sur tel ou tel de ses aspects. Elle appelle la rédaction de développements composés.

TROISIÈME SUJET : DISSERTATION SUR UN SUJET LITTÉRAIRE

Mêmes instructions.

ÉPREUVE ORALE

Mêmes instructions.

Pour le troisième sujet et l'oral, les textes imposés sont en nombre inférieur à celui exigé dans les séries générales.

Programme national Bac 96

Ce programme concerne l'épreuve orale et le sujet de dissertation (type III). Devront être traités dans les classes de première, lors de cette prochaine année scolaire :

- Bacs technologiques et généraux : un conte de Voltaire.
- Bacs généraux ES et S : un roman d'apprentissage du XIXe siècle (et de langue française) en plus (soit, avec Voltaire, deux œuvres obligatoires).
- Bacs L : même programme avec en outre une tragédie de Racine (soient trois œuvres).

Le choix de l'œuvre plus particulièrement étudiée est laissé à l'appréciation de l'enseignant.

Parmi les contes philosophiques de Voltaire, on pourra choisir plus particulièrement, parmi les plus célèbres : *Candide, L'Ingénu, Zadig, Micromégas* ou *La Princesse de Babylone.*

Pour les romans d'apprentissage, le choix se portera par exemple sur des œuvres de Balzac *(Le Père Goriot, Illusions perdues* ou, sur le mode ironique et négatif, *Un Début dans la vie),* Stendhal *(Le Rouge et le Noir),* Flaubert *(L'Education sentimentale),* Hugo *(L'Homme qui rit)* ou Maupassant *(Bel-Ami),* mais la liste n'est pas limitative.

Quant aux tragédies de Racine, il y en a onze qui mériteraient chacune d'être l'objet d'une étude approfondie, de *La Thébaïde* à *Athalie (Britannicus, Bajazet, Bérénice, Iphigénie* ou *Phèdre)*, etc.

Dans l'optique d'une préparation efficace à l'examen, la candidat s'obligera à lire d'autres œuvres du même écrivain (Voltaire, Racine) ou appartenant au même genre (tragédie, roman d'apprentissage, conte). Les données historiques, les circonstance exactes de la rédaction de ces textes devront être connues parfaitement.

Quelques conseils avant l'examen

AVANT L'ÉPREUVE

Nous vous conseillons vivement de revoir un certain nombre de notions susceptibles d'améliorer l'expression écrite et orale. Il ne faut donc pas négliger de réviser les règles orthographiques, la ponctuation, la conjugaison, quelques règles typographiques (comment couper les mots ou quand placer des majuscules, par exemple) qui vous permettront d'arriver à une correction de la langue tant à l'écrit qu'à l'oral.

Néanmoins, le meilleur apprentissage reste l'entraînement à l'écriture. Il convient tout d'abord de rédiger le plus de devoirs possible et de tenir compte des corrections du professeur. Cependant vous pouvez aussi prendre l'habitude de noter vos impressions personnelles sur un livre, un film, une pièce de théâtre, ce qui vous permettra d'illustrer votre devoir (discussion ou dissertation), le jour de l'examen, d'exemples concrets.

Vous ne pouvez pas ignorer non plus certains termes, notions ou références culturelles :

- Pour ce qui est du vocabulaire littéraire, par exemple, il vous faudra connaître des notions comme celles de romantisme, symbolisme ; les termes de roman, nouvelle : ce qui concerne donc les grands mouvements et les principaux genres littéraires.
- En grammaire, vous devez discerner une conjonction d'une préposition, un adjectif d'un adverbe, reconnaître les différentes sortes de subordonnées.
- Certaines notions de versification sont indispensables (en particulier pour le commentaire composé et l'oral) : césure, hémistiche, enjambement, rejet, allitération, assonance, rime, rythme. Il faut également savoir reconnaître les vers : octosyllabes, décasyllabes, alexandrins, savoir ce qu'est un quatrain, un tercet, etc.
- En rhétorique, les notions de métaphore, de comparaison, d'hyperbole, d'euphémisme, de périphrase ne doivent pas vous être étrangères.

- Sur le plan culturel, un minimum de connaissances est requis en mythologie (les dieux grecs et romains, les principales légendes — Œdipe, Orphée, Persée, Electre — ou en histoire des religions — Ancien Testament et Nouveau Testament, et figures bibliques : Moïse, Abraham, etc.).
- Il faut savoir attribuer les grandes œuvres, tant françaises qu'étrangères, à leurs auteurs et être capable de les situer historiquement. Et ceci est valable pour la littérature mais aussi pour la peinture, la musique, l'art en général.

En définitive, il faut savoir utiliser, le jour de l'examen, sa culture personnelle, c'est-à-dire pas uniquement les œuvres vues ou lues dans la perspective du baccalauréat, mais aussi les films, spectacles, livres, articles de journaux, magazines, que vous avez pu voir ou lire pendant vos loisirs.

LE JOUR DE L'EXAMEN ÉCRIT

Le choix du sujet est important : aussi convient-il de ne pas se précipiter, de ne rejeter aucun sujet *a priori* et de consacrer dix minutes à la lecture attentive des trois sujets.

LE SUJET DE TYPE I :

ÉTUDE D'UN TEXTE ARGUMENTATIF

Une fois le choix effectué (et après, bien évidemment, qu'on s'est assuré que l'on maîtrise parfaitement le sens et la portée du texte à étudier), on commence à traiter le sujet : on répondra aux questions dans l'ordre où elles sont formulées (puisque, comme il l'est dit dans les instructions officielles, cet ordre est progressif et mène à une meilleure compréhension de l'ensemble).

On soignera particulièrement la rédaction, en proscrivant le style télégraphique par exemple. Ce type de sujet présente l'inconvénient de se présenter comme une suite de questions-réponses éparpillées ; on aura donc soin de montrer ses compétences de méthode et d'organisation des idées en présentant des paragraphes rigoureusement construits et rédigés.

Comme on le sait, les questions sont de nature variée.

Pour la première partie, elles portent essentiellement sur des problèmes de forme ("le système énonciatif") :

- Qui parle ? l'écrivain ou le journaliste lui-même ? ou bien présente-t-il au contraire une opinion qui n'est pas sienne et qu'il veut combattre ? on évitera en tous les cas les contresens...
- On distinguera bien les propos directs de l'auteur de ceux qui sont entre guillemets pour reproduire des citations d'autres écrivains (et que l'auteur du texte prend ou non à son propre compte : bien voir si les propos cités sont destinés à être réfutés, voire contestés violemment ou au contraire s'ils servent de preuve à une argumentation) ;
- Le choix des pronoms est souvent important, comme le choix des temps et des modes (un conditionnel ne présente pas un argument de la même façon qu'un indicatif) ;
- On sera particulièrement sensible à l'usage très fréquent dans les textes dits polémiques ou les pamphlets, de la figure de style appelée antiphrase (figure de l'ironie) ;
- On pourra être également amené à relever des champs lexicaux ou à dégager l'emploi de figures de rhétorique dominantes dans tel ou tel paragraphe du texte proposé ;
- Les questions peuvent également porter sur la structure logique de ce texte : les articulations du raisonnement ; les enchaînements d'idées, etc. On repérera ainsi l'emploi des conjonctions de coordination, les relations de cause ou de conséquence, les oppositions, etc.
- Quant à l'argumentation elle-même, on pourra être conduit à en évaluer la force de persuasion ou la cohérence ; on pourra enfin être appelé à distinguer les arguments proprement dits des "preuves" (de quelque sorte ou forme qu'elles soient : références historiques, exemples tirés d'œuvres littéraires, citations diverses, témoignage, etc.) et à en déterminer le pouvoir de conviction.

Ce travail devra prendre environ deux heures.

La deuxième partie de l'exercice constitue davantage un travail de rédaction.

Ici on se consacrera surtout à une étude du "contenu".

L'exercice pourra consister en un résumé de l'ensemble ou d'une partie du passage. Pour ce faire, après lecture attentive de l'extrait à contracter, on souligne les idées principales, on entoure les liens logiques (que l'on conservera dans le produit final). On s'efforce ensuite, pour la rédaction du résumé, de suivre l'ordre logique du déroulement des idées ; on évite "les emprunts littéraux", le pur et simple montage de citations (le résumé est aussi un travail de réécriture) ; on privilégie les arguments proprement dits sur les exemples qui les illustrent.

On pourra également être interrogé sur la pertinence de la thèse soutenue dans le texte que l'on sera invité soit à réfuter soit à soutenir avec d'autres arguments. Si le texte est ancien, on pourra se voir demander s'il est "dépassé" ou toujours "actuel".

Si une seule question est posée et qu'elle se présente sous une forme classique de discussion (avec une thèse à débattre), on procédera comme pour une dissertation classique.

L'introduction est importante : elle doit vous permettre de situer, citer le sujet et d'annoncer votre plan.

Il faut rédiger au brouillon l'introduction et la conclusion et faire un plan détaillé. Vous devez aussi trouver vos exemples (ne pas omettre un ou deux exemples littéraires : ceux-ci sont toujours indispensables). Il doit vous rester à peu près une heure quinze. Vous pouvez alors commencer à rédiger le corps de votre devoir en prenant soin d'être concis et d'aller à l'essentiel. Il ne faut jamais "délayer" ; on doit éviter avec soin les lieux communs. Vous ne devez pas hésiter non plus à penser seul. ("J'aime mieux être un homme à paradoxe qu'un homme à préjugé", a dit Jean-Jacques Rousseau). Pour ce qui est des exemples, il est important de bien les exploiter. Il ne faut pas se contenter d'allusions, ou d'un titre. On doit partir du principe que le lecteur (en l'occurrence, l'examinateur) ne connaît pas ce à quoi on fait référence.

Il faut au préalable, même si cela n'apparaît pas dans le devoir définitif, définir les mots qui constituent le sujet et délimiter exactement celui-ci. Mieux vaut renoncer à une "bonne idée" plutôt que d'être hors sujet.

Il faut soigner la rédaction : écrire lisiblement, sauter des lignes entre les paragraphes, souligner les titres des œuvres. En cas de rature, mieux vaut écrire en marge que de risquer d'être indéchiffrable. On peut aussi faire des "renvois" en fin de devoir.

Il faut garder dix minutes à la fin de l'épreuve pour relire soigneusement. Opération délicate parce que le devoir paraît médiocre, ce qui est normal étant donné le manque de distance par rapport à celui-ci. On doit néanmoins tenter de l'améliorer, corriger les fautes d'orthographe, les aberrations de syntaxe (phrases sans verbe, subordonnées sans principale, etc.), choisir le mot juste.

Vous devez absolument éviter les mots et expressions à la mode : "stress", "au niveau du vécu", "super", les anglicismes comme "basé sur", les fautes de français courantes : conditionnel après "si", ou subjonctif après "après que". (Attention, tout ceci est également valable pour l'oral.)

LE SUJET DE TYPE II :

COMMENTAIRE LITTÉRAIRE (OU ÉTUDE LITTÉRAIRE)

On lira d'abord très attentivement le texte à commenter, en soulignant les points qui semblent importants. On commencera par répondre soigneusement aux questions proposées en première partie puisqu'elles sont censées guider l'organisation du commentaire et constituent un travail préparatoire. Elles peuvent porter sur les référents utilisés (qui parle ? choix des pronoms ? type de focalisation ?), le genre abordé (récit ? dialogue ?) ou le ton adopté (pathétique ? ironique ?) ou le vocabulaire (étude ou relevé de champs lexicaux, désignation et appréciation du ou des niveaux de langue choisi, etc.)

Cette première partie de l'épreuve (notée sur 4 pour les bacs généraux, 8 pour les autres) ne devra pas occuper trop de temps (une heure environ pour les bacs généraux ; une heure trente pour les bacs techniques) : le commentaire est en effet la partie essentielle du devoir. Aucun libellé ne vous guidera dans la recherche du plan. Il vous faudra au besoin vous servir des questions précédentes qui, dans certains cas, pourront vous donner quelques indications précieuses sur la démarche à adopter (mais s'il n'y a que deux questions, cela ne signifie nullement qu'on se contentera d'un plan en deux parties). Le plan est donc l'élément essentiel : il faut proscrire toute analyse "juxtalinéaire" (texte suivi ligne à ligne ou vers à vers) et éviter d'utiliser un plan qui suivrait de trop près celui de l'extrait.

Il est inutile de commencer à écrire avant qu'une heure ne se soit écoulée, mais dès lors le texte aura été analysé et le plan élaboré. Il n'y a pas, hélas, de plan passe-partout, le moins risqué reste néanmoins celui qui consiste à traiter les thèmes successivement. On peut aussi aller d'une lecture au premier degré à des lectures de plus en plus complexes (deuxième et troisième degrés).

Souvent, également, ce type de plan fonctionne :

1 – Aspect documentaire ou informatif (qu'est-ce que le texte nous apprend ? les lieux ? les personnages ? l'époque ?, etc.) ;

2 – Aspect poétique (comment la réalité est transfigurée par l'art) ;

3 – Aspect idéologique (le sens profond ou symbolique, les intentions cachées du texte, etc.).

De toute façon, un plan qui ne vous satisfait pas totalement est préférable à l'absence de plan. Parmi les exemples de "mauvais" plan, il y aurait celui qui consiste à séparer le fond et la forme systématiquement. Pour ce qui est de l'étude stylistique (champs lexicaux, registres de langue, effets de style, procédés de versification, présence ou absence du narrateur dans le texte, etc.), il faut insister sur ce qui est véritablement signifiant et produit un effet. Il est inutile par exemple de rappeler les règles du sonnet. En revanche, s'il y a un rejet qui paraît expressif, on le signale en précisant l'effet qu'il produit.

L'introduction (dix à quinze lignes au maximum) sera rédigée après l'élaboration du plan et écrite en entier au brouillon. Elle doit situer l'extrait dans un contexte historique ou thématique ou encore idéologique. Il faut ensuite citer l'œuvre, l'auteur, la date de parution et enfin annoncer le plan de manière habile.

Il ne faut jamais commencer un devoir par : "Dans ce texte...".

Dans un même temps, il est conseillé de rédiger en entier la conclusion. Elle répond à l'introduction, forme une synthèse et émet au besoin un jugement personnel. Elle peut opérer des comparaisons, ouvrir sur d'autres œuvres, d'autres questions. Il est important pour vous d'avoir en tête votre conclusion pour rédiger votre devoir : cela donnera plus de force à votre pensée.

Il vous faut alors recopier l'introduction, laisser deux lignes blanches et commencer votre devoir au propre (il doit vous rester environ deux heures trente). Votre plan détaillé au brouillon et le texte que vous aurez annoté et souligné vous permettent de rédiger directement. N'oubliez pas de citer abondamment (et à bon escient) le texte avec des guillemets (même s'il ne s'agit que d'un mot). Il faut éviter à tout prix de plaquer artificiellement ces citations entre parenthèses par exemple ou de faire de la paraphrase.

Entre chaque partie, vous devez laisser une ligne en blanc et prévoir entre elles d'habiles transitions (pour "visualiser" le plan).

À la fin, il doit vous rester dix minutes pour vous relire, corriger l'orthographe et rétablir une syntaxe correcte.

LE SUJET DE TYPE III :

LA DISSERTATION LITTÉRAIRE

Ce sujet est une dissertation classique : elle doit comporter une introduction qui situe et cite le sujet puis annonce un plan, si possible composé de trois parties, et une conclusion qui fait le bilan de la réflexion avant d'ouvrir éventuellement sur de nouvelles questions. Elle porte cette année, on l'a vu, sur un certain nombre d'œuvres au programme (un conte de Voltaire, un roman d'apprentissage français du XIXe siècle et une tragédie de Racine pour les sections littéraires).

Pour traiter correctement ce sujet, il faudra donc avoir très sérieusement travaillé pendant l'année scolaire et avoir des œuvres étudiées une connaissance excellente (le candidat ne dispose pas du livre le jour de l'épreuve).

On se sera aussi rendu capable d'une réflexion approfondie et personnelle sur les thèmes traités (la critique sociale ou religieuse chez Voltaire par exemple ; une bonne appréciation du contexte historique est indispensable : quel est le sort des protestants au XVIIIe siècle en France ? Qui sont les jésuites ? Qu'est-ce qu'un philosophe ?), les genres littéraires (qu'est-ce qu'un conte philosophique ? une tragédie classique ? un roman ?), les rapports des œuvres avec la période historique qui les a vu naître et leurs origines (roman d'apprentissage : références à Goethe ou, pour Racine, à la tragédie grecque), etc.

Les sujets de dissertation pourront aussi porter sur des aspects plus spécifiques : la nature du personnage par exemple (personnage de roman opposé au personnage de théâtre ou de conte), les interventions personnelles de l'auteur dans les diverses œuvres ou le rôle de la fatalité ou du sacré chez Racine, voire sur le ton des œuvres (l'ironie chez Voltaire, etc.).

Pour traiter correctement ce sujet on ne se sera naturellement pas contenté de lire une seule œuvre de Voltaire ou de Racine et un unique roman dit d'"apprentissage" (ceux étudiés en classe par exemple) : on aura au contraire intérêt à lire d'autres œuvres des mêmes auteurs ou des romans contemporains de même type, ce qui permettra une approche plus complète de la question (il est difficile de parler de la tragédie racinienne à partir de la seule connaissance de *Phèdre*, par exemple). Seule la comparaison peut être réellement fructueuse.

Traiter ce sujet suppose donc des connaissances et une indispensable culture personnelle.

En outre cette dissertation ne saurait en aucun cas être ramenée à une "question de cours" toute prête que l'on aurait apprise par cœur et que l'on reproduirait mécaniquement le jour de l'épreuve. Il ne s'agit pas non plus de jeter en vrac sur le papier quelques pensées, même originales, de façon désordonnée et vague : on doit absolument bâtir un travail construit, rigoureux et élaboré qui réponde exactement à la question posée : attention au hors-sujet et à la tentation de déverser pêle-mêle tout son savoir sur les œuvres étudiées sans tenir compte de la problématique précise à traiter. Si le "savoir" est indispensable, il n'est en effet pas suffisant, mais doit s'appuyer sur une capacité à organiser ses idées avec rigueur et à les présenter avec clarté et correction.

Si donc une bonne connaissance des œuvre est requise, il n'est pas pour autant demandé de se contenter de les "résumer" ni moins encore de les « raconter » (de façon plus ou moins concise). On apprendra, en cours d'année, à utiliser les (bonnes) citations et à les intégrer correctement (elles peuvent devenir un élément important de l'argumentation) ; les références concrètes aux œuvres sont tout à fait nécessaires. On naviguera donc entre deux écueils : le devoir exclusivement rempli d'exemples détaillés tirés des textes mais n'en dégageant jamais l'intérêt ni la portée, et la dissertation trop abstraite oubliant à tort qu'une œuvre littéraire a aussi une « chair » (personnages, style, etc.).

Ce type de sujet ne devra donc être choisi que par des candidats bien entraînés et suffisamment cultivés (c'est-à-dire ayant très régulièrement travaillé durant l'année scolaire).

Index thématique
(classement par numéro de sujet)

Index des auteurs
(classement par page)

1re partie

Étude d'un texte argumentatif

Groupement I

Séries générales

1**

Juin 1995 **CORRIGÉ**

Thèmes traités :
Solidarité et individualisme.

Le caractère inimitable des foules sportives, c'est qu'elles sont heureuses et bienveillantes. Elles rient, elles chantent, elles mangent. Parfois elles crient, elles encouragent, elles poussent, pour un but manqué, des soupirs prométhéens (1), mais leur ardeur n'est jamais agressive. Bien qu'elles soient formées de partisans et divisées par des vœux opposés, elles acceptent par avance le jugement du sort. Sur le terrain de sport, l'adversaire est un ami, comme il l'était jadis dans les tournois. Le mot sportif est la moderne traduction du mot chevaleresque. Etre sportif, pour le spectateur, c'est respecter celui que l'on combat, c'est applaudir aux beaux exploits du rival, c'est garder le sourire dans la défaite, en un mot c'est pratiquer les vertus sur lesquelles est fondée toute civilisation.

On a souvent dit ce que l'Angleterre dut, dans sa glorieuse histoire, au football, au cricket, à toutes les leçons de maîtrise de soi reçues par ses jeunes hommes sur les terrains de sport. Mais les bienfaits du sport se sont, depuis un demi-siècle, largement étendus à nos foules françaises. Je me souviens d'un temps où arbitrer en France certains grands matchs qui soulevaient de sauvages passions était un acte d'héroïsme. Aujourd'hui, nos foules se montrent tolérantes parce qu'elles sont devenues compétentes. Elles savent juger de la beauté d'une passe, de la tactique d'un capitaine, de l'équité d'un arbitre. En un temps où les hommes ne sont que trop sollicités de se haïr les uns les autres, le sport demeure la meilleure école de dignité, de justice et de tenue collective.

Peut-être est-il permis d'espérer qu'un jour les rivalités nationales, encore si âpres et si dangereuses, prendront peu à peu des formes sportives. Nous sommes à une époque où les progrès de la technique commandent à l'humanité, si elle ne veut disparaître, l'unité universelle. « Un monde ou pas de monde », nous disent les savants, mais pour faire des Nations Unies, encore faut-il des nations.

Pour maintenir une civilisation, il faut sauver ces cultures diverses, ces fiertés locales, qui ont engendré, au cours des siècles, tant de grandeur. Il n'y eut jamais de progrès humain sans émulation. Nous avons besoin de luttes internationales, et cependant nous devons empêcher ces rivalités de prendre un caractère guerrier et destructeur. Le sport nous apportera peut-être l'une des solutions de ce problème qui est celui de la survie de notre espèce. Voyez ce que sont les Jeux olympiques, comment les nations pacifiques s'y retrouvent désireuses certes d'y triompher et de voir au mât de la victoire monter souvent leur pavillon, mais heureuses aussi d'admirer les belles performances des autres, et de s'émerveiller de la perfection du corps humain. Un grand match de l'équipe de France contre une autre équipe nationale, c'est sans doute une lutte où les Français désirent triompher, mais c'est aussi une manifestation d'amitié où la passion commune du sport fait que deux peuples éprouvent, l'espace d'une partie, des sentiments identiques et fraternels.

Enfin, il importe de dire que ce qui fait votre sport louable entre tous, c'est qu'il est un sport d'équipe. Je transformerai ici le mot de Gœthe : « Penser est facile, agir est difficile ; agir en groupe est ce qu'il y a au monde de plus difficile. » L'homme a peut-être été jadis un animal de horde. En devenant un individu, une personne humaine, ce qui en soi était hautement souhaitable, il a parfois trop oublié les lois de l'action commune. Il a poursuivi tant de fins égoïstes qu'il lui arrive d'oublier que, si la nation perd la partie, si les hommes perdent la guerre, rien ne sert alors à tel joueur d'avoir brillé d'un éclat solitaire. Votre sport vous enseigne à jouer avec l'équipe, pour l'équipe, par l'équipe. Il vous apprend la discipline, sans laquelle nulle victoire n'est possible, l'abnégation qui donne de plus grandes joies que l'orgueil, la camaraderie qui est la forme collective de l'amitié. Par là, sans discours ni sermons, il fait de vous de bons citoyens. Nul ne peut gagner seul. Telle est la grande, la suprême leçon que vos joueurs, sur tant de tableaux verts enchantés, nous donnent chaque semaine.

André Maurois

Discours prononcé en 1949 à Paris
lors du jubilé du football français.

(1) *Prométhéen* : cet adjectif fait référence aux souffrances endurées par le Titan Prométhée puni par les dieux pour avoir donné le feu aux hommes.

QUESTIONS (10 POINTS)

1) Quelles sont les différentes parties de ce texte ? Quel est le contenu de chacune d'elle ?
2) Comment les différents thèmes de ce texte sont-ils reliés entre eux ?
3) Faites toutes les remarques nécessaires sur le système d'énonciation. (Analysez en particulier l'emploi des pronoms et des déterminants et repérez toutes les marques qui rattachent le texte au genre du discours.)

TRAVAIL D'ÉCRITURE (10 POINTS)

Partagez-vous le point de vue d'André Maurois qui considère que « nul ne peut gagner seul » ? Vous ne limiterez pas votre réflexion, ni vos références, au seul domaine sportif.

POUR DÉMARRER

- Pour les questions, il importe de bien voir la division du texte en trois grandes parties.
- La discussion gagnera en intérêt si l'on n'oublie pas de donner, même s'ils ne sont pas explicitement exigés, quelques exemples littéraires qui permettront de diversifier la réflexion et de l'élargir à d'autres domaines que ceux évoqués dans le texte.

Groupement II

Séries générales

2***

Juin 1995

Thèmes traités :
Culture. Monde « sauvage » et monde « civilisé ».

De même qu'à l'idée de nature s'oppose celle de culture comme s'oppose au produit brut l'objet manufacturé ou bien à la terre vierge, la terre domestiquée, à l'idée de « civilisation » s'est longtemps opposée – et s'oppose encore dans l'esprit de la plupart des Occidentaux – l'idée de « sauvagerie » (condition du « sauvage », de celui qu'en latin on nomme *silva-*

ticus, l'homme des bois), tout se passant comme si, à tort ou à raison, la vie urbaine était prise comme symbole de raffinement par rapport à la vie, censément plus grossière, de la forêt ou de la brousse et comme si pareille opposition entre deux modes de vie permettait de répartir le genre humain en deux catégories : s'il est, dans certaines portions du globe, des peuples que leur genre de vie fait qualifier de « sauvages », il en est d'autres, dits « civilisés », qu'on se représente comme plus évolués ou sophistiqués et comme les détenteurs et propagateurs de culture par excellence, ce qui les distinguerait radicalement des sauvages, considérés comme encore tout proches de l'état de nature.

Jusqu'à une époque récente l'homme d'Occident – qui, avec le grand mouvement d'expansion coloniale qu'inaugurent les découvertes maritimes de la fin du XVe siècle, s'est implanté jusque dans les régions terrestres les plus éloignées de l'Europe et les plus différentes par le climat, instaurant au moins temporairement dans toutes ces régions sa domination politique et apportant avec lui des formes de culture qui lui étaient propres – *cédant à un égocentrisme assurément naïf* (encore qu'il fût normal qu'il tirât quelque orgueil du développement impressionnant pris chez lui par les techniques), s'est imaginé que la Civilisation se confondait avec sa civilisation, la Culture avec la sienne propre (ou du moins celle qui dans le monde occidental était l'apanage des classes les plus aisées [(1)]) et n'a cessé de regarder les peuples exotiques avec lesquels il entrait en contact pour exploiter leur pays, s'y approvisionner en produits étrangers à l'Europe, y trouver de nouveaux marchés ou assurer simplement ses précédentes conquêtes, soit comme des « sauvages » incultes et abandonnés à leurs instincts, soit comme des « barbares », usage étant alors fait, pour désigner ceux qu'il considérait comme à demi civilisés [...], du terme que la Grèce antique appliquait péjorativement aux étrangers [...].

Grâce au prestige des monuments qu'elles ont laissés ou du seul fait de leurs relations avec le monde de l'antiquité classique (soit le monde gréco-romain) certaines grandes cultures – ou séries de culture successives – que l'Orient a vues se développer ont, assez tôt, *acquis droit de cité* pour la pensée occidentale : celles qui ont eu pour théâtre le Proche-Orient (avec l'Egypte, la Palestine qui a laissé des livres saints en guise de monuments, et la Phénicie par exemple), le Moyen-Orient (avec l'Assyrie, la Chaldée, la Perse) avaient joui d'un rayonnement suffisant pour être classées très vite parmi les « civilisations » jugées dignes de ce nom. L'Inde, la Chine et le Japon, les grands Etats américains antérieurs à la découverte du Nouveau Monde par

Christophe Colomb n'ont pas tardé non plus à prendre rang et personne ne contesterait aujourd'hui qu'une place à tout le moins fort honorable doit leur être accordée dans une histoire générale de l'humanité. Mais il a fallu à l'intelligence occidentale un temps beaucoup plus long pour admettre que des peuples peu avancés au point de vue technique et n'ayant pas d'écriture à eux – comme c'est le cas, par exemple, de la majorité des Noirs d'Afrique, des Mélanésiens et des Polynésiens, des actuels Indiens des deux Amériques et des Esquimaux (bien qu'on puisse trouver chez telles de ces populations l'emploi de la pictographie (2) ou celui de signes mnémoniques (3) – possèdent néanmoins leur « civilisation », c'est-à-dire une culture qui, même si l'on envisage les groupes les plus humbles, s'est révélée à un certain moment (en admettant qu'elle ait perdu cette capacité ou qu'elle soit même en régression) douée de quelque pouvoir d'expansion et dont certains traits apparaissent comme communs à plusieurs sociétés distribuées sur une aire géographique plus ou moins vaste.

Michel Leiris, *Cinq Études d'ethnologie,* Gallimard, 1969.

(1) *L'apanage des classes les plus aisées :* ce qui appartient en propre aux classes les plus aisées.

(2) *Pictographie :* écriture formée de pictogrammes, c'est-à-dire de dessins.

(3) *Signes mnémoniques :* signes relatifs à la mémoire, qui permettent à la mémoire de s'exercer ou sur lesquels elle se fixe.

QUESTIONS (10 POINTS)

1) Résumez les deux premiers paragraphes du texte en 90 mots environ. *(4 points)*

2) Quelles sont les différentes étapes de la prise de conscience par l'Occident, de l'existence d'autres civilisations que la sienne ? *(3 points)*

3) Quels défauts et qualités l'auteur attribue-t-il à l'Occident ? *(3 points)*

TRAVAIL D'ÉCRITURE (10 POINTS)

« Jusqu'à une époque récente l'homme d'Occident [...] s'est imaginé que la Civilisation se confondait avec sa civilisation, la Culture avec la sienne propre ».

Vous expliquerez et discuterez ce point de vue dans un développement organisé et illustré d'exemples précis.

POUR DÉMARRER

– Il est d'abord indispensable de lire le texte de très près et d'en bien voir l'argumentation et la progression.

– Le thème de réflexion est très classique et a été souvent proposé en sujet de discussion. Le choix des exemples est essentiel (il est possible de s'aventurer dans le domaine historique si l'on a des connaissances solides en ce domaine). On aura intérêt à définir nettement les notions de « civilisation » (qu'on ne réduira pas à la notion de progrès technique) et de « culture ».

Groupement III

Séries générales

3**

Juin 1995

Thèmes traités :
Écologie. Progrès.

Il n'y a pas de réponse simple aux multiples questions posées par les modifications de la nature que les grands ouvrages entraînent, et par les diverses pollutions qu'engendre la civilisation industrielle. Mais il y a des réponses honnêtes et il y en a qui ne le sont pas. Il faut veiller à ce que ce ne soient pas ces dernières qui l'emportent : la survie de la biosphère en dépend.

Comme cela arrive souvent dans les affaires de société, deux attitudes extrêmes s'affrontent : celle des intégristes de l'écologie (cette dernière prise dans l'acception, désormais la plus répandue, de « défense de l'environnement » et non dans sa signification véritable, qui est « étude de l'habitat ») et celle des individus ou des groupes dont les intérêts, à court terme, agressent la nature. Par leur extrémisme même, l'une comme l'autre sont négatives, l'une comme l'autre sont nocives, l'une comme l'autre s'appuient sur des affirmations fausses. Fausses parfois par insuffisance d'information, parfois par manque d'honnêteté.

Ces attitudes sont d'un manichéisme quelque peu primaire. Pour les uns, industries et société de consommation condamnent l'humanité à une disparition imminente ou, au mieux, à une survie misérable, quel que soit le processus évoqué – syndrome chinois, destruction de la couche d'ozone, effet de serre, pollution des océans, des eaux douces, de la troposphère (1) et des sols, empoisonnement chimique à l'échelle planétaire, que sais-je encore. Pour les autres, le commerce et les affaires marchant de bien plaisante façon, tout va au contraire pour le mieux dans le meilleur des mondes, et les catastrophes avec lesquelles les écolos nous cassent les oreilles ne ressortissent qu'à leurs ignorances, leurs rêveries passéistes, leurs imaginations débridées.

Les extrémismes sont si éloignés de la réalité que jamais ils n'ont conduit à des politiques, à des décisions, à des actions bénéfiques, ni pour l'individu, ni pour la société. Au contraire. J'ai compris cela à mesure que passait ma jeunesse. Je fus jadis extrémiste, entre autres en ce qui concerne la défense d'une nature pour moi plus sacrée que ma vie. J'ai admis aujourd'hui que la solution des problèmes complexes posés aux hommes par leur propre société ne peut résulter que d'une prise en considération, la plus objective et la plus rationnelle possible, des arguments très divers qui s'affrontent. Ainsi, ceux de l'écologie et ceux de l'économie, qui ont chacun leur logique, leurs vertus et leurs vices.

Le retour à un mode d'existence qui ne dépendrait ni de l'industrie ni des moyens de communication modernes relève d'une douce utopie : la vie primitive dans une nature idyllique tient du mythe, non de la réalité ; par ailleurs, les habitants de la planète ne se laisseront jamais convaincre de renoncer aux facilités et aux conforts innombrables que la société industrielle leur assure et de revenir à un mode de vie non polluant, sans doute, mais dont l'archaïsme signifie inconfort certain et recrudescence tout aussi certaine des deux problèmes premiers : faim et maladies.

A l'opposé, développer toujours davantage l'industrialisation, détruire de plus en plus la forêt, polluer et repolluer l'air, l'eau et la terre, construire de grands barrages qui ne profitent qu'aux banquiers qui les financent, aux bétonneurs qui les édifient et aux politiciens prébendés (2) qui les autorisent, détourner des fleuves, urbaniser de façon aberrante, « aménager » jusqu'à détruire ses équilibres la moyenne montagne d'abord, la haute montagne ensuite, bref agresser toujours davantage la nature qui nous a engendrés et sans laquelle nous ne pourrions survivre, sont les forfaits que commettent, par inconscience, par égoïsme ou par concupiscence, tant ceux qui polluent que ceux qui abîment, ceux qui détruisent que ceux qui permettent qu'on le fasse. Qui détruisent parfois, paradoxe, en construisant, par exemple, certains « ouvrages d'art », qui à eux certes rapportent, mais nuisent à tous les autres.

Rejeter la société industrielle est une solution infantile. Ne pas contrôler, sévèrement, les agressions innombrables et les innombrables agresseurs que cette société industrielle engendre est condamnable. Car ces agressions rendent la vie mal vivable, la rendront bientôt invivable. Il est donc urgent d'agir, et de façon efficace.

Haroun TAZIEFF, *La Terre va-t-elle cesser de tourner ?*
Ed. Seghers, 1989.

(1) *Troposphère :* couche inférieure de l'atmosphère.

(2) *Prébendés :* qui tirent un profit personnel de leur fonction.

QUESTIONS (10 POINTS)

1) Sur quelle opposition est construit l'ensemble du texte ? Quels sont les deux extrémismes dénoncés ? *(2 points)*
2) Quels arguments sont utilisés par l'auteur pour ridiculiser les thèses écologistes extrêmes ? *(3 points)*
3) Quel est le point de vue d'Haroun Tazieff ? A quels endroits du texte apparaît-il ? *(3 points)*
4) Relevez quelques figures de style dans le dernier paragraphe. *(2 points)*

TRAVAIL D'ÉCRITURE (10 POINTS)

Haroun Tazieff pense que les agressions engendrées par la société industrielle « rendent la vie mal vivable, la rendront bientôt invivable ».

Partagez-vous ce pessimisme ?

POUR DÉMARRER

- Dans les réponses on montrera nettement la position médiane occupée par Haroun Tazieff entre les deux extrémismes dénoncés.
- La discussion évitera de sombrer à son tour dans le piège des positions caricaturales... On n'oubliera pas les exemples ; on pourra naturellement faire appel à l'expérience personnelle.

Groupement IV

Séries générales

4***

Juin 1995

Thèmes traités

Littérature. Le vrai et le faux écrivain.

Mesdames, Messieurs,

Je voudrais vous prévenir contre une tendance qu'a le public à simplifier à l'excès la physionomie d'un écrivain, et puis, lorsqu'il l'a enfermé dans une image, et peut-être dans un rôle, à faire sourdement pression sur lui pour qu'il se tienne bien tranquille dans ce rôle, voire dans ce qu'en style de théâtre on appelle un emploi. L'esprit démagogique conduit maint littérateur à se prêter à ce jeu. Ils sont trop heureux que le public leur donne des indications. Ils les suivent, que dis-je, ils s'y précipitent ; on dirait ces petits poulets qui courent à droite, puis à gauche, puis à droite, selon que la fermière leur jette le grain à droite ou à gauche. De leur ressemblance avec les petits poulets, ces littérateurs sont félicités. Il est courant d'entendre louer tel d'entre eux pour avoir pris le vent, et donné, au moment précis qu'il le fallait, le livre qu'on attendait de lui. Lorsqu'un littérateur se laisse diriger par le public, il est trop naturel que le public l'en récompense. Il arrive qu'il l'en récompense en lui donnant le titre de chef.

C'est tout juste le contraire qui se passe avec un écrivain digne de ce nom.

On reconnaît un écrivain digne de ce nom à ce qu'il y a une part essentielle de lui-même qui frappe en lui pour qu'il la tire au jour. Cette part essentielle a un droit absolu de naître à l'expression, ce qui comporte ipso facto un droit absolu de priorité sur tout ce qu'il pourrait exprimer d'autre qu'elle : je l'appellerai aussi sa part nécessaire, étant nécessaire pour lui de l'exprimer. Tant qu'un écrivain n'a pas exprimé en entier sa part nécessaire, ce qu'il peut avoir fait à trente ans, comme il peut ne l'avoir pas encore fait au seuil de la vieillesse, il doit tout subordonner à cette expression, et au besoin tout lui sacrifier. Il ne doit pas souffrir que les événements ni les hommes l'en distraient, ou il ne doit le souffrir que dans une mesure très courte ; les heures de cet homme sont comptées. Comme Jeanne d'Arc, il n'entend ses voix que « dans les bois », c'est-à-dire dans sa solitude intérieure. A tout ce qui tenterait de lui prendre de sa substance au profit de ce qui n'est pas sa part nécessaire, il a le devoir de répondre : « J'ai mieux à faire ! D'autres que moi peuvent faire, aussi bien que je le ferais, ce que vous me demandez là. Laissez-moi donc me concentrer dans ce qui m'est propre. Laissez-moi donc à cela qui ne peut être fait que par moi seul. »

De là qu'il pourra lui arriver de publier des livres follement inactuels. Mais cela n'a aucune importance, l'actualité étant toujours surfaite par les contemporains, qui, ayant le nez sur les événements, les voient plus gros qu'ils ne sont en réalité.

Non seulement un écrivain digne de ce nom doit avant tout exprimer sa part nécessaire, mais, cela même, il doit le faire comme il lui plaît. Le peintre Filippo Lippi, travaillant chez les Médicis, on devait l'enfermer, tant il aimait la vie ; mais il s'échappait par la fenêtre. A la fin, Côme dit : « Qu'on lui laisse la porte ouverte. Les hommes de talent sont des essences célestes, il ne faut en rien les contraindre. » L'écrivain digne de ce nom ne doit pas être contraint. Il doit, dans son art, ne faire que ce qui lui est agréable (1), et le faire, toutes affaires cessantes, au moment même que cela lui est agréable : ce qu'il ferait dans d'autres conditions serait mal fait. Et sans doute, agissant ainsi, il risque de décevoir ou de déconcerter. Mais quoi ! Si un écrivain qui déconcerte pour le plaisir est un sot, un écrivain digne de ce nom, qui déconcerte, a grande chance d'être simplement un écrivain loyal avec lui-même.

Qu'un écrivain soit loyal avec lui-même, cela suffit ; du même coup il l'est avec le public. Cette loyauté avec soi-même, c'est la plus grande marque de respect qu'un écrivain puisse donner au public ; et il la donne sans le faire exprès, ce qui est encore mieux. En quoi consiste, pour un écrivain, la loyauté avec soi-même ? Elle consiste, par exemple, à ne pas prendre parti dans des questions qu'il n'a pas étudiées, qu'il a laissées de côté soit pour quelque raison de hasard, soit pour la raison excellente qu'elles n'intéressaient pas sa part essentielle ; à ne pas se donner le ton de l'assurance dans des choses dont il n'est pas assuré ; à ne pas de faire le guide d'autres êtres sur des chemins qu'il ne connaît pas assez bien, ou vers des objets dont la valeur lui reste voilée.

Henry de MONTHERLANT, *Allocution prononcée le 15 mai 1934 au Grand Amphithéâtre de la Sorbonne, au cours d'une soirée consacrée à l'œuvre de l'auteur.*
Publiée dans Service Inutile (1935)

(1) *Ne faire que ce qui lui est agréable :* « ne faire que ce qui lui agrée, ce qui relève de son bon plaisir ».

QUESTIONS (10 POINTS)

1) A quels détails de ce texte peut-on se rendre compte qu'il s'agit d'un discours ? *(3 points)*
2) Relevez les comparaisons du premier paragraphe : en quoi sont-elles dépréciatives ? *(2 points)*
3) Analysez l'emploi des pronoms du troisième paragraphe (lignes 13 à 26). (Etudiez en particulier les diverses valeurs du « je »). *(3 points)*
4) Étudiez dans ce texte le rôle des répétitions. *(2 points)*

TRAVAIL D'ÉCRITURE (10 POINTS)

Montherlant déclare à propos de l'écrivain: « De là qu'il pourra lui arriver de publier des livres follement inactuels. Mais cela n'a aucune importance... ». À partir de votre propre expérience de lecteur, vous commenterez et discuterez en un développement composé ce point de vue sur l'importance de « l'actualité » des oeuvres littéraires.

POUR DÉMARRER

- Le texte est assez difficile ; on sera sensible avant tout à ses qualités oratoires et aux jeux d'oppositions...
- Le sujet de réflexion, s'il est intéressant, est assez complexe dans la mesure où il suppose de bonnes connaissances littéraires : toute œuvre plonge plus ou moins dans l'actualité ; les grandes œuvres sont celles qui « disent » encore quelque chose lorsque cette actualité ne signifie plus rien pour le lecteur. Le sujet, par ailleurs, permet d'aborder le thème, très riche, de la mode et de ses effets, négatifs ou positifs, sur la littérature.

Antilles-Guyane

Séries générales

5**

Juin 1995

Thème traité :
Cinéma.

Le cinéma est vraiment né le 28 décembre de la même année [1] lors de la première projection publique au Grand Café à Paris. L'ère de l'image commence.

Pendant des siècles, les seules images avaient été les créations picturales de sujets essentiellement religieux, mythologiques ou allégoriques – quand les religions n'interdisaient pas la représentation de la nature, de l'homme et de Dieu. Puis la photographie bouleversa l'œil du peintre. La technique de l'image animée s'est ensuite développée de prouesse en prouesse – le cinéma parlant, la couleur, les essais de relief (et même d'odeur), la vision panoramique – avant que d'autres formes de maîtrise de l'image fassent leur apparition : la télévision, la cassette, le CD-ROM.

Entre-temps, dès que l'outil fut domestiqué, le cinéma, éminent moyen d'expression, était devenu le septième art, couvrant tous les genres d'intérêt et tous les types de récits. Ce moyen d'expression par l'homme, pour l'homme, est polyvalent et universel. Toutes les formes de messages peuvent être communiquées. Le cinéma est un outil à rêver, à oublier, à transmettre, à témoigner, à rappeler. Il crée du beau et il est tableau, il crée la révolte et il est pamphlet, il crée l'émotion et il est la vie...

L'impact du cinéma sur les individus et sur les représentations sociales tient à sa puissance de conviction et aux phénomènes qu'il autorise. Avant le cinéma, seul le livre pouvait agir sur le temps et sur les distances. Mais le livre fait appel à l'imaginaire. Le cinéma donne à voir et façonne ainsi les représentations. Ce « *nouveau petit salarié de nos rêves* », comme disait Céline, est tout-puissant. Il abolit l'espace et les distances, rend familier le lointain, télescope l'éloignement. L'autre dimension de notre vie, le temps, est également manipulée et maîtrisée. Voyage dans le passé ou dans l'avenir, temps figé à jamais (c'est la fonction des « films de famille »). Mais cela n'est que broutille. Même les trucages qui mystifient notre crédulité et alimentent la propagande et la publicité ne sont rien à côté du pouvoir le plus impressionnant du cinéma : la dépersonnalisation.

Pendant une heure et demie, et parfois au-delà de la fin du film grâce aux mécanismes de l'identification et de la projection, nous serons quelqu'un d'autre. Cette vie par procuration s'effectue dans le noir, l'isolement, et sans autre expérience sensorielle que la vision et l'audition. La véritable abolition de temps vécu, c'est cela. Après le contact avec cet « *art qui peut même nous parler de nos mutismes* » (Cioran), le retour à la réalité est parfois difficile, quand l'image a remplacé l'imagination.

Loupe de la société mais aussi modificateur de celle-ci, le cinéma a façonné maintes représentations sociales en caricaturant la réalité. Par exemple, pour rester dans mon domaine de compétence, les troubles psychiques n'existent au cinéma que sous la forme de la folie, dangereuse ou abusivement réprimée, dans une oscillation toujours péjorative qui va de *Massacre à la tronçonneuse* à *Vol au-dessus d'un nid de coucou.*

Le cinéma est par définition un plaisir solitaire. La télévision, qui a sa propre histoire, est intégrée aux lieux de vie, elle permet le changement de programmes et les émotions en commun. Dans les salles obscures, le spectateur est en situation de solitude et de passivité tout en étant totalement mobilisé par le spectacle. Le partage, s'il existe, ne se fait que dans l'après-coup. Le cinéma a tué le plaisir collectif du cirque, du théâtre en plein air, de la fête partagée. Le théâtre aujourd'hui imite le cinéma en plongeant dès les trois coups les spectateurs dans l'isolement et l'obscurité.

La civilisation de l'image se veut outil de communication mais elle a aboli les valeurs traditionnelles de la transmission orale. Le « Alors, raconte quand tu étais petit... » ou le « Il était une fois... » n'existent plus. Le roman n'est connu que grâce à sa transposition ou à sa déformation cinématographique. Plus on raffine la technique de l'image et les outils de communication, plus on diminue les échanges interpersonnels. Certains vivent, au Japon, seuls et entourés d'images réelles ou virtuelles qui remplacent les contacts humains. Le cinéma et ses dérivés ne doivent pas devenir, au nom de la communication, des barrages aux échanges directs entre les hommes. L'écran doit servir à la projection, pas à la séparation. Souhaitons longue vie au cinéma « d'art et d'essai », au « ciné-club » qui permettent le partage et restaurent la parole.

Edouard ZARIFIAN, professeur de psychiatrie et psychologie médicale au CHU de Caen, « Le Monde », n° spécial « Le siècle du cinéma », janvier 1995.

(1) 1895.

QUESTIONS (10 POINTS)

1) Étudiez l'emploi des temps dans les trois premiers paragraphes. *(3 points)*

2) Qui est-ce que l'auteur appelle la « dépersonnalisation » ? *(1 point)*

3) Ce texte est-il une apologie sans restriction du cinéma ? Justifiez-vous en vous appuyant sur des exemples précis. *(2 points)*

4) Quelles sont les deux utilisations de l'image qui sont opposées dans le dernier paragraphe ? *(2 points)*

5) Résumez ce paragraphe en 25 mots environ. *(2 points)*

TRAVAIL D'ÉCRITURE (10 POINTS)

Dans un développement composé et en vous appuyant sur des exemples précis ainsi que sur votre expérience personnelle, vous direz les réflexions que vous inspire cette phrase de E. Zarifian : « L'impact du cinéma sur les individus tient à sa puissance de conviction ».

POUR DÉMARRER

Ce texte permet de réfléchir sur le pouvoir de l'image et son impact sur les esprits. On veillera à présenter des exemples diversifiés, car tout dépend naturellement de la nature de ces images et de l'utilisation de celui – artiste ou charlatan – qui les montre ou les exploite.

Polynésie française

Séries générales

6**

Juin 1995

Thème traité :
La nation.

Bien sûr, ma nation c'est la France. Lorsque je lis Montaigne, Pascal ou Voltaire, je me sens Français, du moins autant qu'eux-mêmes se sentaient Français, c'est-à-dire bien peu. Lorsque je lis *Faust*, ou *La Guerre et la Paix*, lorsque j'écoute le *Requiem* ou lorsque je contemple le *Moïse* de Saint-Pierre-aux-Liens, je me sens de la patrie de Goethe (1), de Tolstoï (2), de Mozart (3), de Michel-Ange (4), je me sens « terrien », autant qu'eux-mêmes le sentaient, c'est-à-dire beaucoup. Parmi ceux qui nous ont enrichis de leurs visions ou de leurs œuvres, bien peu ont célébré la nation où ils sont nés, fragment de territoire dont les limites arbitraires et fluctuantes résultent plus des hasards des guerres ou des mariages princiers que de réalités humaines durables. Rappelons cette déclaration de Montesquieu : « Si je savais une chose utile à ma nation qui fût ruineuse à une autre, je ne la proposerais pas à mon prince, parce que je suis homme avant d'être Français. »

L'entêtement borné de quelques puissants a transformé en réalités concrètes, en « nations », ce qui n'était au départ que concepts (5) bien abstraits, Allemagne, France ou Italie. Le processus est plus absurde encore pour les nations africaines issues de la décolonisation et dont les limites résultent de traits tirés plus ou moins au hasard sur une carte par quelques fonctionnaires de Paris ou de Londres. La pauvreté même des objets ou des rites qui les symbolisent montre à l'évidence combien ces concepts sont creux. Quelques couleurs élémentaires brutalement associées, quelques accords assez simples pour être joués par des musiques militaires, quelques paroles assez dépourvues de sens pour pouvoir être répétées sans jamais concerner l'intelligence, voilà de quoi fabriquer drapeaux et hymnes patriotiques qui justifieront, par leur seule évocation, tous les abandons de la raison.

Notre propre nation en est un exemple type. Vraiment, ne faut-il pas avoir abandonné tout bon sens, toute raison, tout contact avec la réalité, pour appeler aujourd'hui les petits Français à abreuver les sillons de leurs campagnes du sang impur de ceux qui viennent égorger leurs compagnes (sans compter la mauvaise leçon de versification apportée par ces rimes trop riches) ? Le folklore patriotique de nos voisins n'est guère plus sérieux. Quelle idée peut bien occuper la cervelle des jeunes Britanniques chantant *God Save the King* (6), c'est-à-dire priant Dieu de sauver leur roi (ou leur reine) ?

Drapeaux et hymnes ont été à l'origine, c'est vrai, d'extraordinaires sacrifices, d'admirables héroïsmes et parfois de merveilleuses solidarités. Mais le processus réellement en action est à l'opposé de celui qui est présenté : ce n'est pas parce qu'ils se sentaient solidaires dans la défense de la France que Bretons, Picards et Gascons se sont battus à Verdun ; c'est parce qu'ils se sont battus ensemble à Verdun qu'ils se sont sentis, après coup, solidaires. Ne pourrait-on se sentir solidaires à un moindre prix ? Ne pourrait-on surtout étendre cette solidarité à des « terriens » habitant au-delà des frontières ?

Albert JACQUARD
Abécédaire de l'ambiguïté, Ed. du Seuil, 1989

(1) GOETHE (1749-1833), écrivain allemand, auteur de *Faust*.
(2) TOLSTOÏ (1828-1910), écrivain russe, auteur du roman *La Guerre et la paix*.
(3) MOZART (1756-1791), musicien allemand, compositeur du *Requiem*.
(4) MICHEL-ANGE (1475-1564), artiste italien, auteur d'une statue de *Moïse*.
(5) *Concept :* idée, notion.
(6) *God save the King :* hymne anglais.

QUESTIONS (10 POINTS)

1) Résumez la thèse de l'auteur en 3 ou 4 lignes maximum. *(3 points)*

2) Relevez quelques traits d'humour. Quel rôle jouent-ils dans le texte ? *(3 points)*

3) Que reproche l'auteur aux hymnes nationaux ? *(2 points)*

4) Quelle nouvelle idée apparaît dans le dernier paragraphe ? Comment ce processus habituel du patriotisme est-il « inversé » ? *(2 points)*

TRAVAIL D'ÉCRITURE (10 POINTS)

En un développement soigneusement composé, vous proposerez une réponse argumentée et fondée sur des exemples précis, aux deux questions qui terminent le texte.

POUR DÉMARRER

Le sujet de réflexion pose deux questions essentielles. On essaiera d'y répondre avec le plus de précision possible (exemples, etc.) ; le texte propose une conception plus large du patriotisme que l'on pourra éventuellement discuter.

Centres étrangers - Groupe 1

Séries générales

7*

Juin 1995

Thèmes traités :
La science. Le progrès. La conquête de l'inutile.

Quel est donc aujourd'hui l'avenir de l'activité spatiale ? Va-t-elle périr du désenchantement qui menace toute grande entreprise lorsqu'elle n'a pas su maîtriser sa croissance ? Je ne le crois pas, et ce serait un grand dommage pour l'humanité quand bien même d'autres malheurs plus évidents la menacent. Les trois décennies écoulées nous ont immensément appris et offert de puissants outils pour gérer notre vaisseau Terre. En trois mots : voir, communiquer, connaître.

D'abord, l'essentiel peut-être : une vision globale de la Terre. Que seraient l'écologie ou la préoccupation de l'environnement si chacun, petit ou grand, n'avait désormais en tête l'image de sa planète bleue, fragile, rare, flottant dans l'espace, étroit village cosmique ? Bien sûr, la science décline ensuite cette image d'Epinal selon toute la complexité de ses disciplines, qui touchent à l'air (météo, sciences de l'atmosphère), l'eau (les océans), le feu (le volcanisme), la terre (les séismes, la dérive des continents). Suivent ensuite les applications à la pêche, aux forêts, à l'irrigation, au développement urbain ; la liste est longue et ne cesse de croître.

Ensuite, la communication. Ce secteur est devenu une activité économique comme une autre, un marché rentable, avec en perspective l'équipement des automobiles en téléphone, les échanges mondiaux de données à la vitesse de la lumière : une révolution aujourd'hui sur la finance, demain sur le télétravail intercontinental. Un réseau touffu d'images télévisées entoure la biosphère (1), créant ce qu'on pourrait nommer une iconosphère (2).

Troisièmement, le savoir, et tout particulièrement notre connaissance de l'Univers. Sans pouvoir en décrire ici toutes les merveilles, retenons les prodigieuses images des planètes voisines, volcans de Io ou de Vénus, canyons de Mars, orages de Jupiter, océans de glace probables sur Titan, anneaux déliés de Neptune et puis, au-delà, la triangulation de notre galaxie, l'émission de rayons X par les trous noirs, le fond cosmique, l'exploration *in situ* (3) du système solaire, la capture des photons par les télescopes spatiaux pour déchiffrer dans ces messagers lointains une information cachée à l'homme depuis toujours. Ces trois thèmes si féconds n'ont requis que des robots pour l'essentiel conçus entre 1960 et 1980. La puissance de l'informatique décuplera ou centuplera demain l'intelligence artificielle de ces machines. Elles amplifieront notre connaissance de la Terre (climat, volcanisme, magnétisme) en mettant à profit le caractère global et quasi continu dans le temps de la couverture spatiale, elles poursuivront l'exploration planétaire et l'observation de l'Univers lointain. [...]

Qu'en sera-t-il donc de l'homme en orbite basse, si des robots accomplissent les tâches qui lui seraient assignées ? Une entreprise au coût très supérieur à celui des robots se justifie mal par l'unique objectif de la physiologie spatiale, y compris dans des domaines non encore abordés comme la croissance ou la reproduction. Aujourd'hui, les connaissances acquises autorisent sans doute un voyage humain vers Mars sans grands risques. [...]

Mais dans quel but aller là-haut, qui n'a rien d'un eldorado ? Pas d'Indiens à y convertir ou à massacrer. Quant aux perspectives économiques, elles sont très lointaines, sans doute à l'échelle du siècle. La réponse, au-delà de l'exploit dont sont blasés nos contemporains, sollicités par d'autres urgences, est simple : connaître, toujours connaître. Explorer, rechercher des traces de vie fossile sur Mars, utiliser la Lune comme l'observatoire astronomique idéal, à quoi cela sert-il ? A rien si l'on ose soutenir que connaître, dans l'histoire de l'humanité, n'est rien. Pourtant, n'est-il pas étrange de constater que, dès qu'il put disposer de satellites, le regard des hommes s'est d'abord porté vers l'espace profond et le lointain Univers avant de se retourner, narcissique et « utile », vers sa propre planète ?

Il est vrai qu'à l'image de l'Antarctique il sera impossible de développer des bases martiennes ou lunaires ambitieuses sans présence humaine. Même si les impératifs économiques et politiques ne l'autorisent pas à court terme – et c'est sans doute mieux ainsi –, l'homme retournera sur la Lune et ira un jour sur Mars, car il est dans sa nature d'explorer toujours au-delà du connu. D'ici là, les robots ont de quoi remplir un très ambitieux programme spatial, propre à rompre le désenchantement qui guette.

Pierre LÉNA (astro-physicien) « La passion de l'inutile »
article paru dans *Le Monde des Débats*, février 1994.

(1) *Biosphère :* masse des êtres vivants qui couvrent la surface du globe.

(2) *Iconosphère :* terme formé à partir du grec, et qui désigne l'univers de l'image.

(3) *In situ :* expression latine qui signifie sur place, en situation.

QUESTIONS (10 POINTS)

1) Faites le « plan » du texte : quelles sont les différentes parties ? Donnez un titre à chacune d'elles. *(3 points)*
2) Montrez que le ton du texte est enthousiaste. À quels détails le perçoit-on ? *(4 points)*
3) Quelles sont, selon vous, les autres « urgences » évoquées à la ligne 41 ? *(3 points)*

TRAVAIL D'ÉCRITURE (10 POINTS)

Pensez-vous que l'homme doive se passionner pour l'inutile ? Vous vous garderez de limiter votre réflexion au seul domaine scientifique.

POUR DÉMARRER

Après avoir lu ce texte fortement structuré et écrit avec un certain enthousiasme, on est conduit à réfléchir sur la notion, toute relative, d'inutilité... On pourra élargir le débat en évoquant des domaines aussi variés que le sport ou l'art...

Centres étrangers - Groupe 2

Séries générales

8**

Juin 1995 **CORRIGÉ**

Thème traité :
L'objectivité de l'information écrite et audiovisuelle.

Parmi toutes les idées reçues qui encombrent les cervelles humaines, on en trouve une dont la sentencieuse énonciation éveille régulièrement dans toute assistance un frémissement approbatif : « L'objectivité n'existe pas ». Dans l'information, s'entend. Elle existe ou peut exister, paraît-il, dans la politique, le syndicalisme, la diplomatie, les affaires, la culture, la justice. Mais la possibilité même en resterait par principe fermée aux seuls professionnels dont le métier consiste précisément à tenter d'établir une information exacte. Informer, de par une mystérieuse loi naturelle, prendrait source et vigueur dans un relativisme intégral [1]. Les journalistes devraient donc borner leur ambition à juxtaposer des points de vue, parmi lesquels le public choisirait.

Entre les pays où le pouvoir politique tient en esclavage la communication et ceux où il lui abandonne une marge variable d'indépendance, il y aurait une seule différence : dans le second cas, les citoyens disposeraient d'un éventail de visions subjectives de la réalité. Leur unique avantage sur les citoyens des régimes dictatoriaux tiendrait à la licence [2] d'opter pour leur vision préférée, au lieu d'ingurgiter, faute d'une autre, l'interprétation officielle des événements. Leur privilège ne consisterait point en la capacité d'accéder à une information plus véridique, plus honnête, plus complète. L'épanouissement suprême de la communication libre résiderait dans le seul pluralisme des affirmations gratuites, non dans l'information sérieuse.

Le paradoxe de ce lieu commun censément profond [3], c'est la faveur qu'il rencontre parfois auprès des journalistes. (...)

Comment un journaliste peut-il laisser dire que l'information juxtapose de purs éclairages arbitraires et invérifiables des événements, et que seules leur abondance et leur diversité justifient la corporation [4] ? Car des professionnels, dans des livres graves, confessent avec une sorte de fierté que « l'objectivité n'est qu'une idéologie ». On enseigne ce précepte dans des écoles de journalisme à des étudiants que semble ravir ce décri [5] de leur métier futur. Quant aux maîtres du pouvoir politique, rarement comblés de concessions spontanées, ils se ruent avec délectation sur ce cadeau inespéré que leur font les journalistes par le seul fait de confesser que l'objectivité de l'information est une illusion démodée.

Cette maxime masochiste ne légitime-t-elle pas en effet toutes les formes directes et indirectes de contrôle des moyens de communication, rêve caressé depuis le fond des âges par les gens de pouvoir ? Si toutes les versions de la réalité se valent, si aucune n'est vraie, pourquoi celle du gouvernement mériterait-elle moins le respect qu'une autre ? Et quelle immoralité commet-il en effaçant telles versions, telles informations différentes des siennes, mais de l'aveu général aussi arbitraires ? (...)

Excellente question, comme disent nos politiciens, mais qui confond deux niveaux de réflexion. Si la théorie de la connaissance, la philosophie des sciences ont critiqué depuis longtemps l'idée naïve d'une vérité absolue, en revanche, la pratique de la science n'en continue pas moins de reposer sur le système de la vérification et de la preuve. Elle rejette impitoyablement la fausse monnaie. En un mot, si l'objectivité absolue n'existe pas, l'effort pour y parvenir existe bel et bien. C'est vrai aussi dans le journalisme, malgré la difficulté supplémentaire d'opérer sur une matière en fusion semée de pièges, minée de mensonges et secouée de passions. Reste néanmoins que l'humble collecte et la vérification des faits atteignent, quand on s'en donne la peine, à une approximation de vérité : toujours flottante, certes, entre le plausible et le certain, mais dont il est hypocrite de dire qu'elle est interchangeable avec n'importe quelles affirmations farfelues ou falsifications grossières. Et d'ailleurs, si l'objectivité, dans ce modeste sens réaliste et quotidien, était une utopie, comment se fait-il que tant de gens de par le monde s'affairent à lui barrer la route et à obtenir que la presse renonce à diffuser des nouvelles exactes ? ».

Jean-François REVEL, *Le Rejet de l'État*, 1984

(1) *Relativisme intégral :* conception selon laquelle les différentes opinions sur un sujet peuvent être considérées comme valables.

(2) *Licence :* liberté.

(3) *Censément profond :* qui passe pour profond.

(4) *Corporation :* ensemble des journalistes.

(5) *Décri :* dénigrement.

QUESTIONS (10 POINTS)

1) Par quels procédés précis l'auteur nous fait-il comprendre, dans les deux premiers paragraphes, que ce n'est pas sa pensée personnelle qu'il énonce ? *(4 points)*

2) Quelle est la valeur des nombreuses interrogations dans l'ensemble du texte ? *(3 points)*

3) Quelles idées se dégagent du dernier paragraphe ? *(3 points)*

TRAVAIL D'ÉCRITURE (10 POINTS)

Jean-François Revel écrit que le rôle de la presse dans une démocratie est de donner au citoyen une information « véridique », « honnête » et « complète ». En vous appuyant sur des exemples précis, et sous la forme d'une argumentation ordonnée, vous direz si vous jugez que la presse écrite et audiovisuelle remplit cette mission.

POUR DÉMARRER

On sera attentif d'abord aux procédés utilisés par l'auteur pour montrer qu'il se démarque nettement de la thèse selon laquelle il n'y a pas d'information objective.

Pour le « travail d'écriture », on veillera à la pertinence des exemples. On aura intérêt à distinguer l'information écrite et l'information audiovisuelle plus sensible aux « pressions » de toutes sortes.

Sujet national

Séries générales

9**

Novembre 1994

Thèmes traités :
Société. Hasard et inégalité.

À des degrés divers, dans toutes les sociétés, dès qu'elles ont pris quelque extension, s'opposent l'opulence et la misère, l'obscurité et la gloire, la puissance et l'esclavage. L'égalité des citoyens est-elle proclamée, il ne s'agit que d'une égalité juridique. La naissance continue de faire peser sur tous, comme une hypothèque impossible à lever, la loi du hasard, qui traduit la continuité de la nature et l'inertie de la société. Il arrive que les législations s'efforcent d'en compenser les effets. Les lois, les constitutions cherchent alors à établir entre les capacités ou les compétences une juste concurrence destinée à faire échec aux avantages de classe et à introniser des supériorités incontestables, démontrées devant jury qualifié, homologuées à la manière des performances sportives. Mais il est trop clair que les concurrents ne sont pas également placés pour prendre un heureux départ.

La richesse, l'éducation, l'instruction, la situation de famille, toutes circonstances extérieures et souvent décisives, annulent dans la pratique l'égalité inscrite dans la législation. Plusieurs générations sont parfois nécessaires pour rattraper le retard du misérable sur le privilégié. Les règles promises pour l'*agôn* (1) loyal sont visiblement bafouées. Le fils, même bien doué, d'un ouvrier agricole dans une province pauvre et éloignée, ne se trouve pas d'emblée en compétition avec le fils médiocrement intelligent d'un haut fonctionnaire de la capitale. L'origine des jeunes gens qui accèdent aux études universitaires fait l'objet de statistiques qui passent pour le meilleur moyen de mesurer la fluidité sociale. Il est frappant de constater à quel point celle-ci demeure faible, même dans les pays socialistes, malgré d'incontestables progrès.

Assurément, il y a les examens, les concours, les bourses, toute espèce d'hommage aux capacités ou aux compétences. Mais, précisément, ce sont des hommages, sinon des palliatifs qui demeurent la plupart du temps d'une lamentable insuffisance : remèdes, échantillons et alibis, plutôt que normes et règles générales. Il faut voir la réalité en face, y compris la situation des sociétés qui se prétendent les seules équitables. On s'aperçoit alors que, dans l'ensemble, il n'y a concurrence effective qu'entre gens de même niveau, de même origine, de même milieu. Le régime n'y fait pas grand-chose. Un fils de dignitaire est toujours favorisé, quel que soit ce qui permet l'accès aux dignités. Le problème reste sévère dans une société démocratique (ou socialiste, ou communiste) : comment y balancer efficacement le hasard de la naissance ?

Certes, les principes d'une société égalitaire ne sanctionnent nullement les droits et avantages que ce hasard entraîne, mais ceux-ci peuvent très bien s'y révéler en fait aussi pesants que dans les régimes de castes. Même si l'on admet des mécanismes de compensation multiples et rigoureux, destinés à replacer chacun sur un rang idéal unique et à ne favoriser que le mérite véritable et l'excellence éprouvée, même dans ce cas, la chance subsiste.

Elle subsiste d'abord dans l'*alea* (2) même de l'hérédité, qui distribue inégalement les dons et les tares. Elle intervient ensuite immanquablement jusque dans les épreuves organisées pour assurer le triomphe du plus méritant. Il ne se peut faire en effet que le sort ne favorise pas indûment le candidat qui tombe sur la seule question qu'il a étudiée avec soin, alors qu'il compromet la réussite du malheureux qu'on interroge sur le point précis qu'il aura négligé. Voici, du coup, au cœur même de l'*agôn*, réintroduit un élément aléatoire.

En fait, la chance, l'occasion, l'aptitude à en profiter jouent un rôle constant et considérable dans les sociétés réelles. Les interférences y sont complexes et innombrables entre les avantages issus de la naissance tant physique que sociale (et qui peuvent être soit des honneurs ou des biens, soit la beauté, la santé ou de rares dispositions) et les conquêtes de la volonté et de la patience, de la compétence et du travail (qui sont l'apanage du mérite). D'un côté, le don des dieux ou de la conjoncture ; de l'autre, la récompense de l'effort, de l'obstination, de l'habileté. De la même manière, au jeu de cartes, la victoire sanctionne une supériorité mixte où se composent la donne et la science du joueur. *Alea* et *agôn* sont ainsi contradictoires, mais solidaires. Un conflit permanent les oppose, une alliance essentielle les unit.

Roger CAILLOIS, *Les Jeux et les Hommes*, 1958.

(1) *Agôn :* mot grec qui signifie compétition, lutte.

(2) *Alea :* mot latin qui signifie hasard.

QUESTIONS (10 POINTS)

1) Dégagez l'idée principale de chaque paragraphe. *(4 points)*
2) Comment s'enchaînent-ils (par quel mot de liaison ?) *(3 points)*
3) Quels types d'exemples l'auteur a-t-il privilégié pour illustrer ses arguments ? Pourquoi ? *(3 points)*

TRAVAIL D'ÉCRITURE (10 POINTS)

Dans quelle proportion, d'après vous, « le don des dieux ou de la conjoncture et la récompense de l'effort, de l'obstination, de l'habileté » contribuent-ils à la réussite d'un individu dans la société ?

POUR DÉMARRER

Le texte est apparemment difficile, mais il tourne en réalité autour d'une seule idée, à dégager rapidement : le rôle respectif dans le destin de tout individu des qualités personnelles et du hasard...

On mettra en valeur l'aspect rigoureux du raisonnement.

Centres étrangers - Groupe 1

Séries générales

10***

Novembre 1994

Thème traité :
Le tragique.

La langue française nous permet cette distinction essentielle. *Tragique* n'est pas seulement une épithète associée à *tragédie* (« Sophocle, auteur tragique ») ; le mot recouvre une réalité plus vaste et plus profonde, si l'on pense, avec Max Scheler [(1)], que le phénomène du tragique constitue une structure fondamentale de l'univers. On objectera peut-être qu'il en va de même pour *comique*, qui ne qualifie pas uniquement un genre littéraire ; il est vrai qu'il y a des spectacles comiques, indépendamment de toute représentation théâtrale. Mais lorsqu'à propos de quelque incident, on dit : « C'est comique », on ne désigne qu'un aspect extérieur d'un événement ou d'une situation dont la nature essentielle demeure hors de cause. « C'est comique » signifie simplement qu'on en rit et ne nous livre aucune explication sur les raisons de ce rire, qui peuvent être extrêmement diverses. Il y a des comiques de toute espèce et de toute nuance ; il n'y a qu'un tragique, et il nous renvoie à une essence unique, même si elle est la plus difficile à saisir. En disant : « C'est tragique », fût-ce à propos d'un incident anodin, je mets en branle une métaphysique : la manière dont les événements arrivent, dont l'homme conçoit son existence et son apport avec les autres, avec lui-même, avec Dieu – une sagesse, folle peut-être, mais une sagesse.

Parce qu'un jour, à Dallas (Texas), un homme qui était jeune, beau, heureux et chef du plus puissant Etat de la terre, s'affaisse ensanglanté dans les bras de sa femme, le mot vient spontanément sur le papier, sur les lèvres, sur les ondes : « C'est tragique », – et comme pour le confirmer, l'assassin présumé est à son tour assassiné. C'est tragique parce que John Kennedy ne devait pas mourir, et pourtant quelque chose nous disait qu'il était exposé à cette mort, précisément à cause de toute cette puissance et ce bonheur, presque surhumains, qui le distinguaient, le désignaient à la vengeance. C'est tragique parce que le sang appelle le sang, et que le meurtrier devait avoir cette mort hors de la justice légale dont le mécanisme semblait bien au-dessous de son crime. Causalités absurdes et pourtant immédiatement admises par le public pour qui ces meurtres ne sont pas la conséquence d'une volonté ou d'un hasard, d'une politique ou d'une imprudence, mais relèvent d'une nécessité supérieure à la logique humaine. L'événement était imprévisible – quelle somme de coïncidences il a exigée, la Commission d'enquête l'a montré ! – et pourtant il était attendu. Cet attentat, l'opinion, spontanément, le situait hors des cadres, dans une zone exceptionnelle où il apparaissait presque normal.

Tous les faits divers qu'on appelle tragiques ne représentent pas la même intensité phénoménale que l'assassinat du Président Kennedy, mais on y retrouve plus ou moins le même mécanisme et chez le spectateur le même mélange de surprise et de secrète attente, d'indignation et de consentement, conscience fruste du tragique, qui s'accompagne souvent d'un assez vil ressentiment, d'une satisfaction légèrement sadique, car il est agréable aux petits que les grands, les riches et les heureux soient frappés au cœur de leur réussite, comme si, à travers l'injustice qu'on déplore, s'exécutait le décret mystérieux d'une autre justice, celle qui, de toute éternité, asservit les hommes au travail, à la maladie et à la mort pour les punir de quelques instants de bonheur. Ambigu est le comportement commun à l'égard du tragique. On dit : « Qu'avait-il donc fait pour mériter ça ? » ; on dit : « Si ce n'est pas une misère ! Il était si jeune, elle était si belle, ils étaient si heureux... ». On parle ainsi, mais on sait au fond de soi que ce paradoxe scandaleux recèle la raison du malheur ; on pressent que le destin qui se monnaye si gentiment en horoscopes hebdomadaires a des réserves de férocité naturelle comme ces fauves du zoo qui, après avoir ronronné sous les caresses, dévorent soudain le bras et l'enfant.

Jean-Marie DOMENACH, *Le retour du tragique* (1967).

(1) Max SCHELER, « Le phénomène tragique », dans *Mort et survie*. (Note de l'auteur).

QUESTIONS (10 POINTS)

1) Sur quel rapprochement et quelle opposition est construit le premier paragraphe ?
2) Quelle est la finalité de l'exemple qui constitue l'essentiel du deuxième paragraphe ?
3) Résumez le dernier paragraphe.
4) Quelle est, dans ce même paragraphe, la valeur du pronom « on » ?

TRAVAIL D'ÉCRITURE (10 POINTS)

Pour vous, le tragique, aujourd'hui, est-ce uniquement le fait divers ?

POUR DÉMARRER

On lira d'abord avec soin le texte, assez difficile ; puis on répondra aux questions, avant d'aborder la partie consacrée au « travail d'écriture ». On n'oubliera pas de définir la notion de « fait divers » ni d'évoquer le théâtre, le cinéma d'aujourd'hui.

Sujet national

Séries générales

11***

Septembre 1994 **CORRIGÉ**

Thèmes traités :
La culture. Le passé. Le patrimoine.

Les nostalgiques de la tradition se font malgré eux les fossoyeurs de la tradition lorsque, tels des douaniers, des gabelous [1], ils barrent le royaume de l'esprit aux vulgarités du temps. Ils le cernent de hauts murs afin de le préserver dans sa sublime sévérité, vestige immortel de ce que les siècles ont laissé de meilleur. Du même coup, ce royaume devient un refuge soustrait à ce qu'il fut et devrait être : un dialogue souvent violent, toujours fécond, entre écoles, courants et créateurs. Bref, on ne nous laisse d'autre choix qu'entre l'idiotie (le consentement au présent) et l'idolâtrie [2] (la prosternation devant l'autrefois)

L'histoire barbare de l'Europe se trouve ainsi divinisée, Shakespeare, Platon, Beethoven, Voltaire mis sur le même plan ; mais cette « communion des saints », pour reprendre l'expression de Sartre, évoque un enterrement plus qu'un hommage. Nous ne conversons plus avec ces monstres sacrés, nous les vénérons sans possibilité de garder un lien vivant avec eux.

Pourquoi aimons-nous tant le passé ? Parce qu'il est pacifié, que les conflits y sont éteints, les plaies cicatrisées. Nous avons le cœur serré devant une chapelle ou une église à l'abandon, alors qu'il y a deux cents ans peut-être nous les aurions pillées ou brûlées par haine du clergé. Or ces combats sont terminés, les biens ecclésiastiques sont tombés dans le domaine culturel, c'est-à-dire celui de la permanence. **Le passé est un grand niveleur,** nous y amnistions vainqueur et vaincu, César comme Vercingérotix, Saint-Just comme Louis XVI. Nos sociétés aspirent à s'affranchir de la tradition mais la regrettent dès qu'elle a disparu ; nous en venons donc à chérir des monuments qui ont signifié malheur et souffrances pour d'autres hommes : depuis les pyramides d'Egypte, édifiées sur les vies de milliers d'esclaves, jusqu'au palais de Versailles, caprice d'un monarque dictatorial dont la fantaisie a coûté aux Français d'alors faim et privations, nous révérons dans l'héritage de l'humanité le témoignage des divers despotismes qui nous ont façonnés. Incapables d'épouser les querelles de nos ancêtres, nous ne voyons plus dans leurs villages ou leurs châteaux que la stabilité, un pont émouvant qui nous relie aux anciens temps.

Or c'est une chose que de préserver un quartier ancien ou un monastère, c'en est une autre que de verser l'ensemble de la culture dans la conservation du patrimoine. L'extraordinaire vitalité de l'art en Occident ne vient-elle pas aussi de cette **stratégie de la rupture** qui, depuis l'aube des temps modernes, a permis aux divers genres de fuir les conventions : d'autant que la mainmise sur les formes artistiques par les classes dominantes a contraint les artistes en rébellion contre ces classes à déserter les anciennes formes pour en inventer de nouvelles. La culture dressée contre elle-même, appelant à sa destruction, fille et mère de la révolte : ce paradoxe a produit les plus grandes, les plus belles œuvres. Comme si l'attaque la revigorait, alors qu'à vouloir la protéger, telle une convalescente, nous l'étouffons sous notre respect, nous transformons cette extraordinaire réserve de voix, d'idées, d'inventions en une nécropole (3) dont les hôtes, silencieux, restent pétrifiés par notre admiration.

Qui ne rêve, face à la confusion actuelle, que les ouvrages ne nous viennent déjà estampillés du sceau de la postérité ? Nous voulons savoir ce qui restera et ce qui passera, et nous le voulons pour conjurer le spectre des fausses valeurs dans un univers où il y a toujours trop : trop de livres, de concerts, d'expositions, de films (c'est le rôle des prix littéraires que de nous dispenser de l'angoisse en désignant ce qu'il faut lire). Le doute est au cœur même de la culture soumise à une réévaluation permanente. Chaque création est un pari sur la durée et implique donc un risque d'erreur. Combien de célébrités encensées par leur temps et qui ont disparu à la trappe (la pièce *Timocrate* de Thomas Corneille fut le plus grand succès de théâtre au XVIIe siècle), combien de génies en revanche ignorés de leur vivant (Nerval, Modigliani, Van Gogh), ou morts oubliés (W.A Mozart) et misérables (Vivaldi, Purcell) ?

Pour estimer la production moderne, il est donc indispensable de suspendre son jugement ; être le contemporain d'une œuvre nous interdit de lui octroyer l'éternité *a priori*, de l'encenser ou de la rejeter sans une marge d'inexactitude. Seule la prudence doit nous guider. En attendant le verdict de l'avenir, romans et tableaux flottent dans le purgatoire entre l'éloge des uns et le discrédit des autres. C'est ce trouble qui rend la vie culturelle problématique et passionnante.

Pascal BRUCKNER, *La mélancolie démocratique*, 1990, Éditions du Seuil.

(1) *Les gabelous :* Commis de la gabelle (impôt indirect sur le sel).

(2) *Idolâtrie :* Culte ou adoration rendue à un dieu ; d'où : admiration passionnée pour quelqu'un, quelque chose, etc.

(3) *Nécropole :* Grand cimetière (littéralement : « cité des morts »).

QUESTIONS (10 POINTS)

1) Par l'emploi de quel champ lexical l'auteur met-il en valeur le rôle négatif joué par les « nostalgiques de la tradition ? » (deux premiers paragraphes). *(2 points)*

2) Expliquez les expressions en gras. *(2 points)*

– « le passé est un grand niveleur »

– « stratégie de la rupture »

3) Faites le résumé des trois premiers paragraphes (en soulignant les liens logiques).

– ou : Résumez les trois derniers paragraphes du texte, en soulignant les liens logiques. *(6 points)*

TRAVAIL D'ÉCRITURE (10 POINTS)

La culture ne doit-elle être, à vos yeux, que le culte inconditionnel du patrimoine et du passé ?

POUR DÉMARRER

On soignera particulièrement le travail de résumé (le texte n'est pas si simple : on s'efforcera néanmoins d'en faire une synthèse).

Le travail d'écriture est une véritable discussion : on veillera donc à ce que des points de vue divergents s'y affrontent.

Antilles-Guyane

Séries générales

12*

Septembre 1994 **CORRIGÉ**

Thèmes traités :
Problèmes de société

En évoquant sans cesse la maladie et la mort, sans être vraiment en mesure de les combattre, et encore moins, bien sûr, de les vaincre, une médecine **qui se veut préventive** risque surtout d'orienter l'existence vers une préoccupation incessante et malheureuse de la santé. Si ses prétentions sont injustifiées, elle ne libère ni de la peur ni des dangers qu'elle désigne à cette peur. Bien au contraire, elle leur confère une importance telle que nous restons seuls en face d'eux, désarmés et apeurés.

La médecine n'est pas la seule à agir de la sorte.[...]

Notre société se veut une société sans risque. Il faut être assuré contre tout : le vol, l'incendie, la maladie, la mort, les accidents de toutes sortes. Tout doit être garanti : la machine à laver ou la chaîne hi-fi, l'auto et la télé, mais aussi la vieillesse, la retraite, le bonheur dans le mariage, le beau logement, le métier, mais aussi la grossesse et l'éducation. Et pour que tout ce monde parfaitement ordonné soit assuré contre le désordre, pour que rien n'advienne qui n'ait été prévu et prévenu, il faut que chacun soit rendu responsable, d'avance, de ce qui pourrait lui arriver.

On prétend responsabiliser les citoyens pour ne pas les infantiliser. Mais on confond responsabilité et culpabilité et on les rend coupables de tout, sans même leur accorder aucun pouvoir. On se refuse à fabriquer une société d'assistés qui n'auraient à s'occuper de rien. Mais on institue une société de suspects. Qui voulait se libérer des incertitudes et se protéger des risques se retrouve **prisonnier d'un réseau serré d'obligations, morales ou légales,** de toutes sortes. En voulant apaiser l'angoisse, on l'entretient. On attise les conflits qu'on se donnait pour but de réduire.

Sans doute peut-on, et doit-on, investir le goût de l'aventure ailleurs que dans des imprudences absurdes, et les négligences sont d'autant plus criminelles qu'elles coûtent cher à la collectivité. Et il n'est bien sûr pas question de jeter le moindre doute sur la légitimité des mesures sociales, même contraignantes, qui assurent au plus grand nombre un minimum de garanties contre la misère, la maladie et l'injustice.

Mais ces conquêtes, insuffisantes, ne font jamais que limiter négativement des dangers en quelque sorte naturels. Elles ne visent pas, comme la prévention, à corriger activement notre comportement, à nous faire constamment la leçon.

Ne soyez pas cambriolable ! Mais aussi : « Ne soyez pas malade », et à la limite : « Ne soyez pas mortel ». La santé et la vie étant nos biens les plus précieux, il est tout naturel de leur accorder une priorité absolue. Il devient alors inacceptable que les hommes puissent, par bêtise, par ignorance ou par malignité contrevenir aux ordres d'une médecine capable de les guider. Il devient scandaleux qu'ils puissent attendre d'elle, une fois malades, tous les secours et tous les miracles, et à n'importe quel prix. Il ne peut plus être question de gérer n'importe comment, au petit bonheur, le « capital santé » des individus et de la collectivité.

Mais si les promesses de la médecine n'étaient que du vent et si la vie était, en elle-même, un risque et une aventure ? A vouloir supprimer tous les risques, c'est la vie elle-même qu'on réduit à rien. De même que, pour l'avare, l'argent n'est plus un instrument mais une fin, de même un souci obsédant de la santé interdit qu'on en jouisse. Ce qu'on s'acharne à conserver perd, par cet acharnement, ce qui faisait son prix.

Norbert BENSAID, *La lumière médicale.*

QUESTIONS (10 POINTS)

1) Faites le plan du texte. *(3 points)*
2) À quels détails voit-on, dans la première partie, que l'auteur n'expose pas ses propres conceptions ? À partir de quel moment expose-t-il ses propres vues ? *(3 points)*
3) Quelle phrase vous semble le mieux condenser l'esprit du texte ? *(2 points)*
4) Expliquez les expressions :
– « qui se veut préventive »,
– « prisonnier d'un réseau serré d'obligations morales ou légales ». *(2 points)*

TRAVAUX D'ÉCRITURE (10 POINTS)

1. Résumez le texte. *(5 points)*
2. Imaginez une réponse à Norbert Bensaïd. *(5 points)*

POUR DÉMARRER

Les questions font appel à une approche et à une lecture méticuleuses du texte. Le résumé ne présente pas de difficulté (bien faire ressortir les liens logiques). Le travail de réflexion est ici un exercice de réfutation (une partie seulement, bien construite, suffira).

Amérique du Sud

Séries générales

13**

Juin 1994 **CORRIGÉ**

Thèmes traités :
Problèmes de société : le choc des différentes cultures

La place occupée par les populations dont la culture nous semble proche de la nôtre sera beaucoup moins importante dans un siècle qu'aujourd'hui. Cette modification du poids relatif de chaque groupe entraînera un changement de l'« homme moyen », mais nous avons vu que ce concept n'avait qu'un sens statistique et bien peu de sens biologique.

La proportion des hommes ayant la peau foncée, ou ayant les yeux bridés sera plus grande ; oui, et alors ? (...)

Si nous nous intéressons à la définition biologique de l'espèce, force est de reconnaître que le remplacement d'hommes petits part des hommes grands, d'hommes blonds par des châtains, d'hommes blancs de peau par des noirs de peau, n'a pratiquement aucune conséquence. Seule compte la définition fondamentale des individus que nous convenons d'appeler « hommes » **des êtres capables de participer à leur propre construction,** de ne pas se contenter du statut d'objets, de devenir des sujets. Ce qui importe alors n'est pas la couleur de la peau ou la forme des paupières, mais la capacité des environnements « humains », c'est-à-dire des cultures, à faire de chaque homme un sujet.

Essayons d'être clairs. Parmi les cultures si diverses des hommes d'aujourd'hui, la nôtre est-elle la plus capable d'aboutir à réaliser cet objectif ? La réponse est hélas négative. Il ne s'agit pas de nier ses avantages, ni ses réussites, mais de prendre conscience d'une caractéristique qui le mine intérieurement et qui représente un danger pour tous les peuples de la Terre : sa propension [1] à faire de chacun de nous un objet, et même un objet satisfait de l'être.

Il suffit pour le constater de regarder les manifestations où l'enthousiasme collectif se déchaîne : lorsque 100 000 personnes s'enrhument dans un stade glacial pour regarder 20 ou 30 champions se disputer un ballon de cuir, ne sont-ils pas tous, acteurs et spectateurs, des objets manipulés, persuadés qu'ils participent à un événement, alors que tout cela n'est que dérision et insignifiance. Ils sont si éloignés de leur état de sujets qu'ils peuvent en venir à s'entretuer au moindre incident. Lorsque quelques conducteurs de motos ou de voitures dépensent des fortunes et risquent leur vie, pour aller, sans autre raison que la vitesse, de Paris à Dakar, incapables de jeter un regard sur les paysages fabuleux qu'ils traversent, ne sont-ils pas des objets, si satisfaits de l'être qu'ils couvrent joyeusement d'étiquettes leurs machines et eux-mêmes ? Ils ne sont plus que des hommes-sandwichs, plus sandwichs qu'hommes et déjà à moitié dévorés.

Notre société se donne bonne conscience en affichant son mépris pour les prostituées qui acceptent de considérer leur corps comme un objet et de le vendre. Il faut une certaine hypocrisie pour saluer simultanément en héros ceux qui vendent leur santé au profit d'une quelconque entreprise dont ils ne connaissent que le salaire qu'elle leur octroie, que ce soit les motos Honda, les cigarettes Gitane ou le pastis Ricard. De plus en plus notre culture tend à « chosifier » chaque individu, à en faire un élément standardisé, classé, étiqueté, emballé, prêt à consommer.

Les autres civilisations ont certes, elles aussi, leurs vices : mais le choc des rencontres peut apporter à chacune l'occasion d'une remise en cause. Il en est des cultures comme des organismes vivants ; isolées, refermées sur elles-mêmes, elles s'atrophient, perdent tout dynamisme créateur, se contentent de répéter inlassablement les mêmes recettes et **s'effondrent dans l'autosatisfaction** et l'intolérance. Confrontées à d'autres, elles peuvent se transformer, s'engager dans de nouvelles aventures, explorer d'autres possibilités.

Il est contraire à toute réalité d'évoquer un « génie » propre a une société, qui correspondrait à sa nature profonde, se maintiendrait intact en profondeur au-delà de variations superficielles et provisoires, et qu'il faudrait préserver pour assurer la pérennité [2] du groupe. Certes chaque société a un passé qui conditionne son état présent, mais sa pérennité résulte de sa capacité à poursuivre son évolution, non à se figer dans un état présenté comme un aboutissement définitif. Et cette évolution nécessite échanges et confrontations avec d'autres.

Ces échanges, ces confrontations seront plus intenses, plus fréquents après la transformation entraînée par la récente révolution démographique. C'est cela la conséquence la plus claire des changements illustrés par nos cartes : il y a un ou deux siècles les divers groupes d'hommes pouvaient s'ignorer et évoluer chacun pour son compte, en fonction de critères locaux. Aujourd'hui, ils sont tous en contact et le seront plus encore à la fin du siècle prochain. Le premier réflexe inspiré par une attitude raciste peut être la crainte ; la réflexion lucide devrait nous montrer que cette multiplication des contacts sera une chance pour tous.

Albert JACQUARD
Cinq milliards d'hommes dans un vaisseau (1987)

(1) *Propension :* Penchant, inclination à faire quelque chose.
(2) *Pérennité :* Caractère de ce qui dure toujours ou très longtemps.

QUESTIONS (10 POINTS)

1) Quelle est la valeur du pronom « nous » dans les quatre premiers paragraphes du texte ? Que représente le pronom « ils » au paragraphe suivant ?
2) Comment s'enchaînent les idées dans les trois derniers paragraphes ? Relevez les liens logiques et les mots qui articulent le raisonnement, puis donnez leurs valeurs.
3) Par quel procédé l'auteur nous fait-il prendre conscience de la « chosification » de l'individu dans nos sociétés ? (sixième paragraphe)
4) Expliquez les expressions suivantes :
– « des êtres capables de participer à leur propre construction »
– « s'effondrent dans l'autosatisfaction »

TRAVAUX D'ÉCRITURE (10 POINTS)

1) Résumez le texte
2) Dans quelle mesure la confrontation de diverses cultures constitue-t-elle une chance pour les pays concernés.

POUR DÉMARRER

Il importe de procéder avec méthode et de traiter les questions dans l'ordre où elles sont proposées.

Pour le travail d'écriture, il est indispensable de rassembler au préalable le maximum d'exemples précis...

Sujet nouveau

Séries générales

14**

CORRIGÉ

Thèmes traités :
Le XVIIIe siècle. Les philosophes.

L'esclavage des nègres

Si j'avais à soutenir le droit que nous avons eu de rendre les nègres esclaves, voici ce que je dirais :

Les peuples d'Europe ayant exterminé ceux de l'Amérique, ils ont dû mettre en esclavage ceux de l'Afrique, pour s'en servir à défricher tant de terres.

Le sucre serait trop cher, si l'on ne faisait travailler la plante qui le produit par des esclaves.

Ceux dont il s'agit sont noirs depuis les pieds jusqu'à la tête ; et ils ont le nez si écrasé qu'il est presque impossible de les plaindre.

On ne peut se mettre dans l'esprit que Dieu, qui est un être très sage, ait mis une âme, surtout bonne, dans un corps tout noir .

Il est si naturel de penser que c'est la couleur qui constitue l'essence de l'humanité, que les peuples d'Asie, qui font les eunuques, privent toujours les noirs du rapport qu'ils ont avec nous d'une façon plus marquée.

On peut juger de la couleur de la peau par celle des cheveux, qui, chez les Egyptiens, les meilleurs philosophes du monde, étaient d'une si grande conséquence, qu'ils faisaient mourir tous les hommes roux qui leur tombaient entre les mains.

Une preuve que les nègres n'ont pas le sens commun, c'est qu'ils font plus de cas d'un collier de verre que de l'or, qui, chez les nations policées, est d'une si grande conséquence.

Il est impossible que nous supposions que ces gens-là soient des hommes ; parce que, si nous les supposions des hommes, on commencerait à croire que nous ne sommes pas nous-mêmes chrétiens.

De petits esprits exagèrent trop l'injustice que l'on fait aux Africains. Car, si elle était telle qu'ils le disent, ne serait-il pas venu dans la tête des princes d'Europe, qui font entre eux tant de conventions, d'en faire une générale en faveur de la miséricorde et de la pitié ?

MONTESQUIEU, *De l'Esprit des lois,* XV, 5, 1748.

QUESTIONS (10 POINTS)

1) Quel sens le texte prendrait-il si on supprimait les deux premières lignes ?

2) Dans les lignes 3-20, choisir deux des sept arguments successifs prêtés aux esclavagistes : pourquoi sont-ils irrecevables, et pour qui ?

3) Les deux derniers paragraphes font progresser l'argumentation : comment et pourquoi ?

4) « *Si j'avais à soutenir le droit que nous avons eu de rendre les nègres esclaves…* » : au terme de cette étude, dégager et analyser l'ironie dont cette expression se révèle chargée.

5) Quelle est la thèse soutenue ? Quelles réactions l'auteur cherche-t-il à susciter chez son lecteur ?

TRAVAIL D'ÉCRITURE (10 POINTS)

L'« *esclavage des nègres* » est aujourd'hui aboli. Ce texte vous en apparaît-il pour autant dépassé, ou est-il encore actuel ? Vous justifierez votre réponse dans une argumentation construite.

POUR DÉMARRER

On lira le texte très attentivement afin d'en comprendre la portée et le ton (usage de l'ironie).

Les questions posées appellent une analyse très détaillée du texte et des réponses précises.

Le sujet de réflexion ne présente pas de difficultés, on n'hésitera pas à faire appel à l'actualité (choix des exemples, etc).

Sujet nouveau

Séries générales

15**

CORRIGÉ

Thèmes traités :
La mort. La Révolution.

Souvenir de la nuit du 4 (1)

L'enfant avait reçu deux balles dans la tête.
Le logis était propre, humble, paisible, honnête ;
On voyait un rameau bénit sur un portrait.
Une vieille grand'mère était là qui pleurait.
Nous le déshabillions en silence. Sa bouche,
Pâle, s'ouvrait ; la mort noyait son œil farouche ;
Ses bras pendants semblaient demander des appuis.
Il avait dans sa poche une toupie en buis.
On pouvait mettre un doigt dans les trous de ses plaies.
Avez-vous vu saigner la mûre dans les haies ?
Son crâne était ouvert comme un bois qui se fend.
L'aïeule regarda déshabiller l'enfant,
Disant : - Comme il est blanc ! approchez donc la lampe.
Dieu ! ses pauvres cheveux sont collés sur sa tempe ! -
Et quand ce fut fini, le prit sur ses genoux.
La nuit était lugubre ; on entendait des coups
De fusil dans la rue où l'on en tuait d'autres.
– Il faut ensevelir l'enfant, dirent les nôtres.
Et l'on prit un drap blanc dans l'armoire en noyer.
L'aïeule cependant l'approchait du foyer
Comme pour réchauffer ses membres déjà roides.
Hélas ! ce que la mort touche de ses mains froides
Ne se réchauffe plus aux foyers d'ici-bas !

Elle pencha la tête et lui tira ses bas,
Et dans ses vieilles mains prit les pieds du cadavre.

– Est-ce que ce n'est pas une chose qui navre !
Cria-t-elle ; monsieur, il n'avait pas huit ans !
Ses maîtres, il allait en classe, étaient contents.
Monsieur, quand il fallait que je fisse une lettre,
C'est lui qui l'écrivait. Est-ce qu'on va se mettre
A tuer les enfants maintenant ? Ah ! mon Dieu !
On est donc des brigands ! je vous demande un peu,
Il jouait ce matin, là, devant la fenêtre !
Dire qu'ils m'ont tué ce pauvre petit être !
Il passait dans la rue, ils ont tiré dessus.
Monsieur, il était bon et doux comme un Jésus.
Moi je suis vieille, il est tout simple que je parte ;
Cela n'aurait rien fait à monsieur Bonaparte
De me tuer au lieu de tuer mon enfant ! -
Elle s'interrompit, les sanglots l'étouffant,
Puis elle dit, et tous pleuraient près de l'aïeule :
– Que vais-je devenir à présent toute seule ?
Expliquez-moi cela, vous autres, aujourd'hui.
Hélas ! je n'avais plus de sa mère que lui.
Pourquoi l'a-t-on tué ? je veux qu'on me l'explique.
L'enfant n'a pas crié vive la République.

Nous nous taisions, debout et graves, chapeau bas,
Tremblant devant ce deuil qu'on ne console pas.

Vous ne compreniez point, mère, la politique.
Monsieur Napoléon, c'est son nom authentique,
Est pauvre, et même prince, il aime les palais,
Il lui convient d'avoir des chevaux, des valets,
De l'argent pour son jeu, sa table, son alcôve.
Ses chasses ; par la même occasion, il sauve
La famille, l'église et la société ;
Il veut avoir Saint-Cloud, plein de roses l'été,
Où viendront l'adorer les préfets et les maires ;
C'est pour cela qu'il faut que les vieilles grand'mères,
De leurs pauvres doigts gris que fait trembler le temps,
Cousent dans le linceul des enfants de sept ans.

Jersey, 2 décembre 1852.
Victor HUGO, *Les Châtiments*, 1853.

(1) Le 2 décembre 1851, un coup d'Etat permet à Louis-Napoléon Bonaparte de renverser la Seconde République, née en 1848. Il devient Napoléon III, empereur des Français. Les républicains, suivis par une partie du peuple, essayent de résister. Une répression brutale et aveugle décourage rapidement toute tentative de révolte. Dans la nuit du 4 décembre, à Paris l'armée tire sur la foule.

QUESTIONS (10 POINTS)

1) À qui renvoient ces pronoms personnels ?

- *nous* (vers 5),
- *on* (vers 3, 17, 30, 32),
- *ils* (vers 34),
- *vous* (vers 49).

Qu'en concluez-vous ?

2) Les vers 1 à 9 doivent scandaliser le lecteur. Dégagez dans ce passage quatre arguments implicites pouvant conduire à cette réaction.

3) « *C'est pour cela que* » (vers 58) : Dans ce contexte, cette expression a-t-elle un sens logique ? Justifiez votre réponse.

4) En renvoyant précisément au texte, citez trois passages dans lesquels le poète agit sur les sentiments du lecteur. Définissez les procédés dont il se sert pour cela.

TRAVAUX D'ÉCRITURE (10 POINTS)

1) En vous appuyant sur les vers qui permettent de reconstituer l'histoire de l'enfant, racontez-la en 15 lignes.

2) Dans les vers 42 à 46, la grand-mère, en quelques paroles, fait l'ébauche d'un réquisitoire contre les assassins de son petit-fils. Explicitez et développez l'argumentation qui s'en dégage.

POUR DÉMARRER

Les questions supposent une analyse préalable du texte où tous les procédés d'écriture seront répertoriés.

Les travaux d'écriture ne présentent pas de difficultés (on évitera soigneusement la paraphrase).

Groupement I

Séries technologiques

16**

Juin 1995

Thèmes traités :
La guerre. Le progrès.

Vers la civilisation

L'une des étapes majeures du progrès humain fut la domestication des animaux. Nous ne devrions donc pas nous étonner de voir les enfants répéter cette expérience en « domestiquant » un chien ou un chat et en faisant de lui un fidèle compagnon. D'autres enfants, plus grands, aiment s'occuper des chevaux et les monter. Si c'était possible, ils se lieraient d'amitié avec des animaux encore plus gros. Plus la bête est volumineuse, plus elle est sauvage, et plus l'enfant désire la dompter et faire d'elle un compagnon. Une grande partie de la littérature enfantine (et un bon nombre de contes et de fables destinés aux adultes) sont inconsciemment fondés sur ce fait.

Les anthropologues [1] nous disent que l'homme a fait un bond prodigieux vers la civilisation quand il s'est établi dans un territoire précis après l'avoir jalonné. On peut observer des échos de ce processus chez les enfants qui veulent à tout prix qu'un certain territoire – cachette, chambre, cour, leur secteur de rue, de quartier, de ville – n'appartienne qu'à eux et ne puisse être envahi par des tiers qu'avec leur permission. Si on les provoque, ils feront corps pour défendre leur « sanctuaire ». Les très jeunes enfants jouent eux-mêmes à ces deux territoriaux ; la marelle en est un exemple typique. Les hommes primitifs se groupaient et apprenaient à communiquer et à coopérer dans le but d'avoir une vie plus efficace et plus agréable ; les enfants forment des bandes pour des raisons équivalentes.

Certains historiens nous disent que la principale occupation des habitants de la cité grecque consistait à guerroyer et que toute l'organisation sociale et politique tendait vers ce but. Le mythe homérique nous raconte que les Grecs ont découvert leur identité en tant que peuple en s'unissant pour entreprendre la guerre de Troie ; et c'est ce mythe qui se trouve à la base de leur civilisation. Les cités-états ont atteint leur apogée quand elles se sont unies temporairement pour défendre leurs territoires contre l'envahisseur perse. Nous pouvons observer un développement parallèle quand des gangs rivaux de jeunes concluent une alliance momentanée pour se défendre contre un ennemi commun. Mais on peut pousser plus loin la comparaison. Il ne faut pas oublier que des progrès politiques et techniques considérables, y compris la formation d'une langue unique (en Italie, par exemple) et des réalisations technologiques telles que la fission et la fusion atomiques, ont été dus à la guerre ou sont en relation avec elle.

Comme je suis profondément convaincu qu'il est grand temps de nous affranchir de notre archaïque héritage de guerre, je crois qu'en tant que race (nous ne faisons guère de progrès sur ce point) et aussi en tant qu'individus nous devrions extirper du plus profond de nous-mêmes tous ces vestiges primitifs. C'est exactement ce que les jeux de guerre peuvent réaliser pour les enfants. Chaque chose en son temps ; il n'est ni raisonnable ni opportun de faire la guerre quand on est adulte. L'enfance est le moment de la vie où nous devrions être capables de mettre en actes ce vieil héritage, de nous en débarrasser une fois pour toutes, et de ne le faire que par des actes symboliques ; dans leurs jeux guerriers, en effet, les enfants se déchargent de leur agressivité, de leurs anxiétés et de leur sentiment d'insécurité d'une manière qui ne cause de dommages sérieux à personne.

B. BETTELHEIM, *Le développement de la personnalité*, 1987.

(1) *Anthropologues :* savants qui étudient les coutumes et les comportements sociaux.

QUESTIONS (10 POINTS)

1) Commentez l'emploi des temps dans le premier paragraphe. *(3 points)*

2) Quel lien existe-t-il entre les deux paragraphes suivants ? *(2 points)*

3) Qu'est-ce qu'un acte symbolique (l. 33) ? *(2 points)*

4) Résumez le dernier paragraphe en 30 mots environ. *(3 points)*

TRAVAIL D'ÉCRITURE (10 POINTS)

« Chaque chose en son temps ; il n'est ni raisonnable ni opportun de faire la guerre quand on est adulte ».

Expliquez, commentez et éventuellement discutez cette affirmation, en vous appuyant notamment sur votre expérience de lecteur et de spectateur.

POUR DÉMARRER

Le sujet de réflexion fait explicitement appel à l'utilisation d'exemples précis (films, livres, etc.) : ils seront choisis avec discernement et devront être suffisamment variés pour que tous les aspects de la question soient abordés.

On pourra se demander quels sont les substituts possibles de la guerre.

Groupement II

Séries technologiques

17*

Juin 1995

Thèmes traités :
Littérature et télévision.

Télévision et qualité de la vie

Reste la télévision. Elle fut un bouleversement dans la vie des paysans ; elle les obligea, peu à peu, à s'ouvrir sur un monde méconnu et à se fermer chez eux. Autant l'ouverture est louable, autant la claustration est pernicieuse.

Il y a peu de temps encore, les soirées d'hiver étaient un régal. Les voisins se réunissaient chez l'un d'entre eux, à tour de rôle. Les hommes tapaient la belote, discutaient, cassaient ensemble une petite croûte gentiment arrosée du vin de la ferme. Les femmes papotaient autour du feu, tricotaient, buvaient quelques tisanes, échangeaient des recettes. Les enfants allaient des uns aux autres, écoutaient.

Il y avait toujours un vieux, plein d'humour et de mémoire, qui racontait des histoires de jadis. Grâce à lui le passé vivait, se mêlait au présent, établissait un lien solide entre les générations. [...]

Aujourd'hui, comme tout un chacun, le paysan est seul devant sa télé. Il est au courant de la vie du monde et de la planète Mars, toute l'actualité est sur sa table. Tous les spectacles entrent chez lui. Il rit. Il ne s'ennuie pas mais il est quand même un peu morose. La télévision n'a pas brisé son isolement, elle l'a renforcé. Les voisins ne viennent plus les soirs d'hiver jouer à la belote ; chacun garde ses soucis et ses joies pour soi et le foyer est éteint, il faisait des reflets dans l'écran.

Nous n'avons pas la télévision et nous n'en voulons pas. Nous en bénéficions pourtant puisqu'il nous suffit, pour la regarder, de nous rendre dans la maison voisine, et je reconnais que fréquentée ainsi elle a beaucoup de qualités. Grâce à cette démarche, nous ne subissons pas l'insupportable présence d'un récepteur. Ainsi apprécions-nous mieux les émissions choisies. Ainsi nos enfants sont-ils très tôt couchés et s'en portent très bien.

C'est surtout à cause d'eux que nous ne voulons pas de récepteur ; sauf exception, les programmes sont, pour les enfants, le poison le plus pernicieux que je connaisse. La télévision les prive de sommeil, leur inculque une fausse idée de la vie, conditionne tous leurs réflexes, les traumatise ; en fait, intellectuellement parlant, des crétins solennels et pédants souvent incapables de lire un livre sans images.

Il semblerait d'ailleurs, si j'en crois les sondages (cette forme horrible d'inquisition, de pression et de dirigisme) que 80 pour 100 des téléspectateurs aimeraient que la télévision fasse relâche une soirée par semaine, ainsi pourraient-ils retrouver un semblant de vie de famille, les joies de la conversation et de la lecture.

J'avoue être ahuri par une telle idée. Faut-il que l'intoxication soit profonde pour que les gens soient incapables de débrancher eux-mêmes le poste ! Je trouve affolante cette totale extinction de la volonté, elle est identique à celle des drogués qui vont chez le médecin pour le supplier de les aider ; ils ont raison, mais faut-il qu'ils soient bas et esclaves !

Cela dit, la lecture reste notre principale distraction ; c'est elle qui meuble la majorité de nos loisirs et qui, bien mieux que la télé, nous ouvre sur le monde. La lecture ne nous a jamais lassés ni déçus, qui peut en dire autant de la télévision ?

Claude MICHELET, *J'ai choisi la terre*,
Éditions Robert Laffont, Pocket, 1975, Réédition 1981, pp. 189-192.

QUESTIONS (10 POINTS)

1) Faites toutes les remarques possibles sur l'emploi des temps des verbes dans les quatre premiers paragraphes (ligne 1 à 15). Quelles sont les deux époques qui sont opposées ? *(2 points)*

2) Commentez l'emploi des pronoms dans les deux paragraphes suivants (lignes 16 à 25). *(3 points)*

3) Quelles idées nouvelles apparaissent dans les 3 derniers paragraphes ? *(3 points)*

4) Expliquez les expression suivantes : « Faut-il que l'intoxication soit profonde ! » et « crétins solennels et pédants ». *(2 points)*

TRAVAIL D'ÉCRITURE (10 POINTS)

« La lecture [...] bien mieux que la télé, nous ouvre sur le monde ».

Que pensez-vous de cette affirmation de Claude Michelet ? Appuyez-vous sur des exemples précis aussi bien parmi vos lectures que parmi les émissions proposées par la télévision.

Vous organiserez votre réflexion sous la forme d'un développement composé.

POUR DÉMARRER

Le sujet de réflexion est « classique », voire banal. On veillera à le traiter avec précision, grâce à un bon choix d'exemples précis. Sans chercher l'originalité à tout prix, on pourra néanmoins insister sur les aspects positifs de la télévision en rappelant qu'il y a aussi de mauvais livres (et que la vision du passé que propose l'auteur du texte est certainement idéalisée).

Groupement III

Séries technologiques

18**

Juin 1995

Thème traité :
Le passé.

Notre système d'éducation, qui nous fait vivre dès l'enfance au milieu des Grecs et des Romains, nous habitue à les comparer sans cesse à nous, à juger leur histoire d'après la nôtre et à expliquer nos révolutions par les leurs. Ce que nous tenons d'eux et ce qu'ils nous ont légué nous fait croire qu'ils nous ressemblaient ; nous avons quelque peine à les considérer comme des peuples étrangers ; c'est presque toujours nous que nous voyons en eux. De là sont venues beaucoup d'erreurs. Nous ne manquons guère de nous tromper sur ces peuples anciens quand nous les regardons à travers les opinions et les faits de notre temps.

Or les erreurs en cette matière ne sont pas sans danger. L'idée que l'on s'est faite de la Grèce et de Rome a souvent troublé nos générations. Pour avoir mal observé les institutions de la cité ancienne, on a imaginé de les faire revivre chez nous. On s'est fait illusion sur la liberté chez les anciens et pour cela seul la liberté chez les modernes a été mise en péril. Nos quatre-vingts dernières années (1) ont montré clairement que l'une des grandes difficultés qui s'opposent à la marche de la société moderne est l'habitude qu'elle a prise d'avoir toujours l'antiquité grecque et romaine devant les yeux.

Pour connaître la vérité sur ces peuples anciens, il est sage de les étudier sans songer à nous, comme s'ils nous étaient tout à fait étrangers, avec le même désintéressement et l'esprit aussi libre que nous étudierions l'Inde ancienne ou l'Arabie.

Ainsi observées, la Grèce et Rome se présentent à nous avec un caractère absolument inimitable. Rien dans les temps modernes ne leur ressemble. Rien dans l'avenir ne pourra leur ressembler. Nous essayerons de montrer par quelles règles ces sociétés étaient régies, et l'on constatera aisément que les mêmes règles ne peuvent plus régir l'humanité.

D'où vient cela ? Pourquoi les conditions du gouvernement des hommes ne sont-elles plus les mêmes qu'autrefois ? Les grands changements qui paraissent de temps en temps dans la constitution des sociétés ne peuvent être l'effet ni du hasard, ni de la force seule. La cause qui les produit doit être puissante, et cette cause doit résider dans l'homme. Si les lois de l'association humaine ne sont plus les mêmes que dans l'antiquité, c'est qu'il y a dans l'homme quelque chose de changé. Nous avons en effet une partie de notre être qui se modifie de siècle en siècle ; c'est notre intelligence. Elle est toujours en mouvement, presque toujours en progrès, et à cause d'elle, nos institutions et nos lois sont sujettes au changement. L'homme ne pense plus aujourd'hui ce qu'il pensait il y a vingt-cinq siècles, et c'est pour cela qu'il ne se gouverne plus comme il se gouvernait.

Fustel de COULANGES, *La Cité antique* (1864), Introduction.

(1) *Nos quatre-vingts dernières années :* allusion à la Révolution française et à ses répercussions dans l'histoire politique du XIXe siècle.

QUESTIONS (10 POINTS)

1) Que représente le pronom « nous » dans tout le texte ? A qui ou à quoi s'oppose-t-il ? *(2 points)*
2) Quel mot relie les deux premiers paragraphes ? Quelle est sa nature ? Quelle est sa valeur ? *(2 points)*
3) Commentez l'emploi du futur dans le quatrième paragraphe (lignes 18 à 21). *(2 points)*
4) Quelle est la valeur des phrases interrogatives ? *(2 points)*
5) Résumez le dernier paragraphe en 40 mots maximum. *(2 points)*

TRAVAIL D'ÉCRITURE (10 POINTS)

Fustel de Coulanges considère que les civilisations passées présentent « un caractère absolument inimitable ».

Dans quelle mesure, selon vous, la connaissance du passé est-elle cependant utile à l'homme d'aujourd'hui ? Vous répondrez à cette question en un développement organisé et illustré d'exemples précis.

POUR DÉMARRER

On veillera, pour le sujet de réflexion, à bien expliquer la phrases proposée avant d'entamer une discussion très classique sur les liens qui unissent le passé au présent et sur l'apport de la connaissance historique à la culture de chacun (le culte exclusif du passé peut être aussi dangereux que son rejet systématique).

Groupement IV

Séries technologiques

19**

Juin 1995

Thème traité :
Problèmes de société : la crise éconoique et sociale.

La société française traverse une période de grand trouble. Toutes ses certitudes, tous ses repères, toutes ses traditions, toutes ses grilles d'interprétation, tous ses comportements classiques vacillent, hésitent et tremblent.

Depuis la fin de la Seconde Guerre mondiale, elle s'était habituée à une croissance ininterrompue : avec la crise, elle a réappris l'inquiétude, l'imprévision et l'instabilité. Pendant les Trente Glorieuses [1], le plein emploi allait de soi ; elle a redécouvert la crainte, l'obsession et parfois le drame du chômage. L'histoire de la République française avait ressemblé, durant des décennies, à un élargissement progressif de toutes les formes de sécurité (physiques, sociales, psychologiques) ; les années 70 ont donné le signal d'une terrible régression. La criminalité et surtout la délinquance ne cessent d'augmenter. Les revenus, les garanties sociales, les indemnités de chômage et même les retraites ont cessé depuis belle lurette d'apparaître comme les piliers robustes et indestructibles de la société. Plus rien n'est acquis, plus rien n'est assuré.

Au-delà, les croyances et les mentalité, les valeurs et les fois se fissurent, se craquellent, se disloquent, parfois s'effondrent. La pratique religieuse a, en chiffres ronds, diminué des deux tiers en un demi-siècle, quelle que soit la confession. L'emprise des Eglises sur la société ne cesse de reculer et les sentiments religieux du plus grand nombre de s'émousser. Il est vrai qu'en revanche l'ardeur de petites minorités actives s'accroît plutôt. A une phase d'influence puissante, parfois autoritaire et souvent hiérarchique, notamment au sein de l'Eglise catholique, succède une période beaucoup plus incertaine et modeste de tentative de reconquête. Les mœurs, il suffit d'observer l'évolution spectaculaire de la publicité et du cinéma pour en prendre la mesure, se sont littéralement métamorphosées. L'étiquette sociale, les rapports humains, *a fortiori* les relations affectives et la sexualité ont brusquement changé d'époque. Il y a trente ans, Françoise Sagan (2) incarnait une avant-garde élégamment scandaleuse. Aujourd'hui, elle se trouve plus du côté de la comtesse de Ségur (3) que de celui du moindre spot télévisé sur les soins corporels ou les maladies à risques. A cet égard, c'est de rupture franche et nette qu'il s'agit. La société française a, en matière de mœurs, de morale et de foi, changé de millénaire avant même la fin du siècle.

Ce n'est pas tout : l'institution familiale se modifie elle aussi à une vitesse impressionnante. Les différentes générations cohabitent de moins en moins. Les couples se font et de défont, coexistent, rompent, se retrouvent, se marient et divorcent. Les racines locales résistent mal à la dispersion professionnelle, scolaire, universitaire ou conjugale. Le noyau familial se réduit, se déplace, se recroqueville sur lui-même. La parenté s'éloigne et se démode, le cousinage dépérit, le tissu familial se déchire.

Les formes, les filières, le style, les débouchés de l'enseignement évoluent eux aussi à une vitesse astronomique. Les rapports parents-enfants-enseignants changent de visage et d'objectifs ; l'enseignement de masse, la scolarité prolongée, le gigantisme de l'Université bousculent les hiérarchies et facilitent l'anonymat.

La société française des années 90 se déstructure. Les valeurs de solidarité refluent devant l'individualisme, tant défensif que libéré, tantôt rétraction devant les insécurités, tantôt dilatation du Moi, souvent les deux à la fois. Quant aux projets collectifs, aux « grands desseins » des politiques, aux horizons et aux lendemains qui chantent, ils sont regardés avec scepticisme, ennui et parfois exaspération. C'est la grande revanche de l'égoïsme sur la solidarité, du corporatisme sur le civisme, de l'aliénation sur l'intégration.

A. DUHAMEL, *Les Peurs françaises*, 1988.

(1) *Trente Glorieuses :* les trente années d'expansion et de prospérité exceptionnelles qui ont suivi la guerre de 39-45.

(2) Françoise SAGAN *:* écrivain français né en 1935.

(3) Comtesse DE SÉGUR : femme de lettres française (1799-1874), auteur d'ouvrages pour la jeunesse.

QUESTIONS (10 POINTS)

1) Y a-t-il une progression de l'argumentation dans ce texte ? Justifiez votre réponse. *(2 points)*
2) Montrez que le texte est entièrement construit sur une opposition. Laquelle ? *(1 point)*
3) Dégagez (en une phrase à chaque fois) le thème principal de chaque paragraphe de la ligne 4 à la fin. *(3 points)*
4) Relevez quelques procédés qui permettent à l'auteur de mieux « persuader » le lecteur de la justesse de ses vues (rythmes, choix d'objectifs, de verbes, etc.). *(4 points)*

TRAVAIL D'ÉCRITURE (10 POINTS)

« Les valeurs de solidarité refluent devant l'individualisme ».

Pensez-vous, comme A. Duhamel, qu'on privilégie aujourd'hui l'intérêt personnel au détriment des formes collectives d'entraide et de générosité ?

Vous répondrez à cette question sous la forme d'un développement composé en vous appuyant sur des exemples précis.

POUR DÉMARRER

Dans ce texte, on sera attentif particulièrement aux rythmes (groupements ternaires d'adjectifs, de verbes, etc.). On pourra noter aussi le caractère excessif (et spectaculaire) de l'argumentation...

La discussion aborde un thème souvent traité... On veillera à éviter les lieux communs.

Polynésie française

Séries technologiques

20***

Juin 1995

Thème traité :
La lecture.

Lire, je crois, c'est d'abord accueillir la solitude. On ne peut bien lire, et pleinement, que seul. [...]

Non, il n'existe pas beaucoup d'autres activités où l'on doive être aussi seul. On peut travailler en observant autour de soi ou en discutant avec des collègues ; on peut se promener en compagnie ; on peut prier en communauté ; on peut regarder un tableau en essayant de transmettre à ses proches les émotions qu'il procure ; on peut assister à un spectacle en échangeant ses impressions avec des voisins tandis qu'il se déroule. La lecture est une activité qu'il est impossible de partager : pareille en cela aux expériences les plus denses, le sommeil, la souffrance, l'amour, elle mobilise jalousement tout l'être.

Il suffit d'observer les conditions qui nous sont nécessaires pour lire : la lecture nous retire de la vie active, du monde, du soleil. Elle nous incite à gagner notre chambre ou une pièce à l'écart, un peu sombre, que nous puissions rapidement remplir de notre présence, ou bien l'ombre d'un arbre dans un jardin. Les moments qui lui sont les plus favorables correspondent aux heures où la frénésie de la vie entre dans une sorte de léthargie, où le monde ne nous entoure plus que de sa palpitation régulière et tranquille, comme désireux lui-même de n'être pas dérangé et tolérant le seul accompagnement des insectes menus : pause de la sieste ou longues heures d'accalmie de la nuit. La lecture appelle des circonstances qui sont autant de conditions pour un repli, pour un recueillement, pour une retraite.

Cette solitude et cette concentration indispensables à l'acte de lire sont telles que même la personne qui nous est la plus chère en est exclue. Qui, au cours de sa lecture, n'a pas éprouvé soudain comme insupportable la présence d'un proche dont la curiosité, ou seulement l'attention, le regard par-dessus son épaule, se posait sur lui ? Alors même que cette personne aurait déjà lu le livre qui nous occupe, qu'elle nous l'aurait conseillé, qu'avec elle nous nous sentons en confiance et qu'à son égard nous n'avons aucune raison de n'être pas transparent, nous éprouvons la nécessité de lui cacher notre lecture, nous rechignons à dire exactement où nous en sommes, à quelle page précise.

Pudeur étrange puisque enfin nous ne sommes pas les seuls à avoir lu ce livre ; qu'après sa lecture, nous en parlerons, découvrant que les autres l'ont aimé pour les mêmes raisons. Mais il est vrai aussi que nous aurons le sentiment de l'aimer pour une autre raison encore, plus indistincte, plus enfouie, qui nous sera propre et que nous n'oserons clairement expliciter autant parce que nous ne le pourrons pas que parce que nous aurons peur de le faire. Cette raison est ce que nous taisons toujours, elle est ce qui tient indissolublement à notre individualité, à notre chair, à une manière de sentir et de comprendre qui nous est exclusive. Comme si, en cours de lecture, le livre avait absorbé ce qu'il y a de plus intime en nous et qu'il devait désormais éternellement le détenir : confondu aux émotions vécues en le lisant, il deviendra le souvenir indélébile et chèrement tu [1] de notre secrète blessure. Dans la solitude absolue à laquelle elle nous a contraints, la lecture apparaît comme la remontée de chacun jusqu'au noyau de son originalité, jusqu'au centre de son inexprimable mystère.

Patrick DREVET
Huit petites études sur le désir de voir, Gallimard, 1991.

(1) *Tu :* du verbe « taire »

QUESTIONS (10 POINTS)

1) Qui désigne « on » dans le texte ? Et « nous » ? Quelle différence voyez-vous entre ces deux pronoms ? *(3 points)*

2) À quelle phrase (sous-entendue) répond le « non » qui ouvre le deuxième paragraphe ? *(2 points)*

3) Par quels détails, par quels procédés stylistiques, l'auteur est-il parvenu à valoriser la lecture ? *(3 points)*

4) Résumez le dernier paragraphe en 45 mots environ. *(2 points)*

TRAVAIL D'ÉCRITURE (10 POINTS)

Selon l'auteur, « la lecture est une activité qu'il est impossible de partager ». Adhérez-vous à ce point de vue ? Votre expérience vous permet-elle d'envisager d'autres activités qui au même titre que la lecture, demandent cette solitude féconde ? Quels bienfaits attendez-vous de ce genre d'expériences ?

POUR DÉMARRER

Le texte est assez difficile. Après une étude approfondie de celui-ci, guidée par les questions, le travail d'écriture permettra d'envisager d'autres activités pratiquées en solitaire (comme l'écriture !)... On pourra aussi s'interroger sur ce que peut être (ou pourrait être) une lecture partagée, et sur la notion, essentielle, de solitude féconde (c'est-à-dire où on ne s'ennuie pas, opposée à la solitude stérile).

Centres étrangers - Groupe 1

Séries technologiques

21**

Juin 1995

Thème traité :
Littérature.

Le romancier qui transforme la vérité constante, brutale et déplaisante, pour en tirer une aventure exceptionnelle et séduisante, doit, sans souci exagéré de la vraisemblance, manipuler les événements à son gré, les préparer et les arranger pour plaire au lecteur, l'émouvoir ou l'attendrir. Le plan de son roman n'est qu'une série de combinaisons ingénieuses conduisant avec adresse au dénouement. Les incidents sont disposés et gradués vers le point culminant et l'effet de la fin, qui est un événement capital et décisif, satisfaisant toutes les curiosités éveillées au début, mettant une barrière à l'intérêt, et terminant si complètement l'histoire racontée qu'on ne désire plus savoir ce que deviendront, le lendemain, les personnages les plus attachants.

Le romancier, au contraire, qui prétend nous donner une image exacte de la vie, doit éviter avec soin tout enchaînement d'événements qui paraîtrait exceptionnel. Son but n'est point de nous raconter une histoire, de nous amuser ou de nous attendrir, mais de nous forcer à penser, à comprendre le sens profond et caché des événements. A force d'avoir vu et médité, il regarde l'univers, les choses, les faits et les hommes d'une certaine façon qui lui est propre et qui résulte de l'ensemble de ses observations réfléchies. C'est cette vision personnelle du monde qu'il cherche à nous communiquer en la reproduisant dans un livre. Pour nous émouvoir, comme il l'a été lui-même par le spectacle de la vie, il doit la reproduire devant nos yeux avec une scrupuleuse ressemblance. Il devra donc composer son œuvre d'une manière si adroite, si dissimulée, et d'apparence si simple, qu'il soit impossible d'en apercevoir et d'en indiquer le plan, de découvrir ses intentions.

Au lieu de machiner une aventure et de la dérouler de façon à la rendre intéressante jusqu'au dénouement, il prendra son ou ses personnages à une certaine période de leur existence et les conduira, par des transitions naturelles, jusqu'à la période suivante. Il montrera de cette façon, tantôt comment les esprits se modifient sous l'influence des circonstances environnantes, tantôt comment se développent les sentiments et les passions, comment on s'aime, comment on se hait, comment on se combat dans tous les milieux sociaux, comment luttent les intérêts bourgeois, les intérêts d'argent, les intérêts de famille, les intérêts politiques.

L'habileté de son plan ne consistera donc point dans l'émotion ou dans le charme, dans un début attachant ou dans une catastrophe émouvante, mais dans le groupement adroit des petits faits constants d'où se dégagera le sens définitif de l'œuvre. S'il fait tenir dans trois cents pages dix ans d'une vie pour montrer quelle a été, au milieu de tous les êtres qui l'ont entourée, sa signification particulière et bien caractéristique, il devra savoir éliminer, parmi les menus événements innombrables et quotidiens tous ceux qui lui sont inutiles, et mettre en lumière, d'une façon spéciale, tous ceux qui seraient demeurés inaperçus pour des observateurs peu clairvoyants et qui donnent au livre sa portée, sa valeur d'ensemble.

Guy de MAUPASSANT, Préface de *Pierre et Jean* (1888).

QUESTIONS (10 POINTS)

1) À quel type de romans l'auteur fait-il allusion dans le premier paragraphe ? Donnez quelques exemples de romans de ce genre. *(3 points)*

2) Pourquoi l'autre « genre de roman » occupe-t-il plus de paragraphes ? Quelles œuvres pourraient illustrer les propos de Maupassant ? *(3 points)*

3) Selon le dernier paragraphe, de quelles qualités particulières doit faire preuve le romancier ? *(4 points)*

TRAVAIL D'ÉCRITURE (10 POINTS)

Attendez-vous d'une œuvre artistique (littéraire, cinématographique, ...) qu'elle « transforme la vérité [...] pour en tirer une aventure exceptionnelle et séduisante » ou au contraire qu'elle vous force « à penser, à comprendre le sens profond et caché des événements » ?

Vous répondrez à cette question en un développement organisé et illustré d'exemples empruntés à vos lecture et à votre connaissance personnelle des œuvres.

POUR DÉMARRER

Le texte est d'un abord assez difficile à cause de son extrême abstraction. Sinon les thèses de Maupassant sont simples : d'un côté une littérature fondée sur l'aventure, une intrigue palpitante ; de l'autre, des œuvres plus austères, davantage intéressées par la vie telle qu'elle est. L'écrivain devient alors un témoin, un observateur aigu des mœurs de son temps et des sentiments des êtres humains.

Sujet national

Séries technologiques

22*

Novembre 1994

Thème traité :
La télévision.

Si la télévision se révèle trop souvent un distributeur aveugle ou trop généreux d'informations un peu floues, elle est aussi parfois un remarquable éveilleur d'intérêt, quand, en plus d'un embryon de connaissance, elle donne le goût de le développer. Il en est ainsi par exemple de la lecture, dont elle est la plupart du temps un incomparable promoteur.

Contrairement à trop d'idées reçues, la concurrence est très rare entre le petit écran et le livre, ne serait-ce que parce que leurs clientèles respectives sont différentes. Ceux qui aiment lire ne sacrifient pas ce vice impuni à l'uniformité des habituels spectacles télévisés. Au contraire, après chaque émission littéraire, ou à la suite de la mise au programme d'une œuvre tirée d'un texte imprimé, la vente des livres évoqués ou ayant inspiré le spectacle comble toujours d'aise leurs éditeurs. Le sachant, aucun écrivain ne refuse, quoi qu'il ait pu écrire auparavant sur les méfaits de la télévision, d'être interviewé sur sa dernière œuvre, et les responsables des émissions de présentation de livres ou d'auteurs sont l'objet de toutes les sollicitations des attachés de presse des maisons d'édition. Il en va de même pour les émissions historiques, les reportages à thème et la plupart des débats scientifiques ou socio-politiques, dont la retransmission entraîne toujours une extraordinaire diffusion des ouvrages imprimés consacrés aux sujets traités.

Parce qu'elle donne le goût de connaître et surtout d'en savoir davantage, la télévision réussit donc, dans beaucoup de domaines de la connaissance, mieux que l'enseignement purement scolaire qui si souvent cherche à instruire sans avoir cherché à développer au préalable l'appétit de savoir. Elle instruit même d'autant plus facilement que, comme l'a souligné aussi Jean Cazeneuve, elle instruit des spectateurs en situation de détente, de loisir : ils n'ont pas les réflexes de défense ou de tension qui sont souvent ceux des individus à qui est imposé un « savoir dirigé ». Apprendre sans avoir l'impression d'apprendre est un processus fécond surtout quand ceux qui s'y abandonnent ont depuis leur séjour à l'école trop tendance à confondre instruction et contrainte.

Les jeunes sont en général les premiers à vouloir ainsi approfondir leur découverte d'horizons nouveaux, surgis presque au hasard d'un changement de chaîne ou de la lecture d'un programme. Facteur d'assoupissement chez les plus âgés, et malheureusement chez les moins cultivés, la télévision peut donc se révéler un incomparable « ouvreur d'appétit de savoir » chez ceux que l'âge ou les habitudes intellectuelles protègent de la satiété.

Quand elle fait naître ou encourage le goût des voyages, de l'histoire, de l'actualité, de la peinture ou de la musique, qui se plaindrait de son audience ? Mais aussi qui ne s'inquiéterait à la voir enfouir sans cesse de nouvelles images et de nouveaux messages dans de jeunes cerveaux, mal défendus contre l'indigestion et la confusion ? Surtout quand l'école ou la famille ne se sont pas attachées à développer un sens critique de plus en plus indispensable.

J. Rousselet, *La jeunesse malade du savoir* (1980)

QUESTIONS (10 POINTS)

1) Sur quelle idée paradoxale est construit ce texte ? *(2 points)*

2) Pourquoi, selon l'auteur, la télévision exerce-t-elle une influence favorable sur la lecture et la culture ? *(4 points)*

3) Le texte entier est-il un éloge inconditionnel de la télévision ? Justifiez votre réponse. *(4 points)*

TRAVAUX D'ÉCRITURE (10 POINTS)

1) La distinction entre le public jeune et âgé vous paraît-elle judicieuse ? *(5 points)*

2) Peut-on apprendre sans contraintes ? Vous justifierez votre réponse par des arguments structurés et des exemples précis. *(5 points)*

POUR DÉMARRER

Ce texte a le mérite d'être un éloge paradoxal de la télévision ; on mettra d'emblée l'accent sur cet aspect.

On se montrera attentif aussi aux nettes restrictions dans l'éloge qui apparaissent parfois.

Centres étrangers - Groupe 1

Séries technologiques

23**

Novembre 1994

Thème traité :
Le tourisme.

Pour une pédagogie du tourisme

Le déplacement touristique est souvent présenté par les organismes internationaux et les responsables politiques comme un moyen de rencontre et d'échange, un facteur de compréhension mutuelle entre les peuples, une

« force vitale pour la paix ». Mais il suffit d'observer les effets réels de l'intrusion touristique dans une société pour se rendre compte que ces chances sont fréquemment gâchées et que ces objectifs idylliques sont loin d'être atteints : certains parlent même d'une « impossible rencontre », notamment dans les zones sous-développées. Une situation de dépendance économique vis-à-vis des pays pourvoyeurs de touristes et de leurs grandes entreprises de voyage ne crée évidemment pas les conditions nécessaires pour un échange équitable : les attitudes d'animosité et de rejet « sont renforcées par le sentiment de colonisation éprouvé dans les régions soumises à une forte exploitation touristique qui se voient dépossédées de leur patrimoine et n'ont pas les moyens d'en organiser elles-mêmes la mise en valeur » (Jean-Luc Michaud).

De plus, la publicité et les catalogues de voyage donnent du pays visité une image mythique, toujours très réductrice par rapport à la réalité, avec une dissimulation systématique des problèmes économiques et sociaux effectifs. Le voyageur sous-informé à qui l'on a présenté ces destinations comme heureuses et disponibles, ces populations comme éternellement chaleureuses et hospitalières, va se considérer de ce fait comme un hôte recherché et se conduire fréquemment « comme en pays conquis » : méprisant et grossier avec les autochtones [1], irrespectueux des traditions, des rites et des valeurs de la société locale, utilisateur négligent – mais exigeant – des attraits touristiques qui lui sont présentés... Ces attitudes sont plus courantes chez les touristes voyageant en groupe, ayant acheté un « forfait » à un organisateur de voyages, que chez les visiteurs individuels qui entretiennent des contacts plus réguliers avec les locaux et sont plus intéressés par la découverte authentique d'un pays différent.

Une pédagogie active du tourisme ne doit donc pas se limiter, comme c'est souvent le cas, à des campagnes officielles de propagande en direction des populations locales pour les persuader des avantages financiers de cette activité et de la nécessité d'accueillir les visiteurs avec cordialité : le thème du « sourire » a été utilisé dans beaucoup de pays, y compris en France en 1987, pour inciter les nationaux à recevoir les étrangers avec plus de chaleur... Mais c'est peut-être surtout l'éducation des touristes qui est à parfaire. Les actions classiques de réflexion et de formation – notamment dans le cadre scolaire – auxquelles on pense immédiatement, doivent être complétées par d'importants efforts d'information, de sensibilisation et de préparation au voyage, ainsi que les pratiquent déjà quelques producteurs de voyage éclairés. Il faut améliorer parallèlement la formation des accompagnateurs de voyage ainsi que la qualité des catalogues et guides de tourisme, dans le sens d'une présentation plus complète et plus fidèle des caractéristiques de la zone visitée et des précautions élémentaires à prendre au cours de la visite.

Le Tourisme international, mirage ou stratégie d'avenir ?,
Georges CAZES, Hatier, 1989.

(1) *Autochtones :* habitants originaires du pays où ils vivent.

QUESTIONS (10 POINTS)

1) Quels sont les différents points de vue qui sont évoqués dans le premier paragraphe ? *(2 points)*

2) Qui est mis en accusation dans le deuxième paragraphe ? *(2 points)*

3) Quelles sont les deux solutions proposées par l'auteur dans le troisième paragraphe ? *(2 points)*

4) Résumez ce troisième paragraphe en 40 mots environ. *(4 points)*

TRAVAIL D'ÉCRITURE (10 POINTS)

Dans ce texte, l'auteur insiste sur la nécessité de préparer à leur voyage les futurs touristes et leurs éventuels guides ou accompagnateurs.

Sous quelles formes envisageriez-vous ces actions de formation pour qu'elles soient réellement efficaces ?

Vous répondrez à cette question en un développement organisé et en vous appuyant sur des exemples précis.

POUR DÉMARRER

Le travail d'écriture fait largement appel à l'imagination... On essaiera néanmoins de rester le plus proche possible de la réalité. On insistera bien entendu sur le rôle essentiel, ici comme ailleurs, de l'éducation.

Centres étrangers - Groupe 2

Séries technologiques

24**

Novembre 1994

Thème traité :
Ecologie et progrès.

L'auteur s'interroge, dans ce texte, sur les pratiques touristiques en montagne.

Les pratiques sportives « dures » n'offrent jamais un contact direct avec la nature. Elles réclament une importante médiation du matériel, et souvent, une infrastructure lourde : le ski de piste en particulier exige des remontées mécaniques coûteuses. Elles cumulent donc l'investissement agressif et les conséquences mutilantes pour le paysage.

Cependant la plupart de ces pratiquants n'ont pas conscience de la fragilité du milieu alpin. Ils ont le sentiment au contraire d'un espace immense, dans lequel s'ébattre à loisir, et à qui la minuscule action de l'homme ne fait courir aucun risque : flore ou faune ne leur paraissent pas devoir être protégées. Leur attitude rejoint celle de beaucoup d'habitants permanents qui s'offusquent (1) de ce que l'on puisse interdire de cueillir des fleurs : ils estiment que le lys martagon ou la vulnéraire sont autant, sinon plus abondants qu'autrefois, et se plaignent de ce que marmottes et rhododendrons envahissent les alpages.

Interrogés sur leurs préférences, ces touristes choisissent une montagne équipée, aménagée, quitte à ce qu'elle perde ses traditions. Il font valoir le « progrès » inexorable, les aspects misérables de la vie de jadis et invoquent la « démocratisation » : ainsi lorsqu'on leur demande ce qu'ils penseraient d'une route au Mont-Blanc, beaucoup considèrent que ce serait une bonne initiative, puisqu'elle permettrait à tous, même aux handicapés, de jouir d'un sommet célèbre. Leur rapport à l'espace est celui de l'agression tranquille, il coïncide logiquement avec l'optimisme aménageur.

Inversement les tenants des pratiques douces cherchent à évacuer le plus possible la médiation technique dans le rapport à la nature. Leur volonté rejoint en cela les principes de l'aménagement écologique. Leur discours, capté dans les enquêtes, magnifie la montagne en tant que lieu paradisiaque, mais dénaturé par les rapports marchands. [...]

Nombre de ces enquêtés nourrissent un noir pessimisme : la montagne est déjà gangrenée (2), et même les hivers sans neige sont mis sur le compte de la pollution. Certains propos laissent augurer (3) une sourde vengeance de la nature bafouée : l'œuvre sacrilège des hommes, pour audacieuse qu'elle soit, risque d'être anéantie en retour. Et ils interprètent les avalanches comme un rappel périodique que la maîtrise sur cet espace n'est pas aussi garantie qu'on l'imagine. Malgré les apparences, la nature conserve sa réserve de puissance et ses secrets, fondamentalement hors de l'emprise des hommes ; bonne mère certes, elle n'en punit pas moins les apprentis sorciers.

Ce discours catastrophiste amène avec lui une solution récurrente, l'interdit : ne pas cueillir de fleurs, limiter la chasse, mettre un terme au développement des remontées mécaniques ; contre les voitures, les parkings, les stations intégrées, le tourisme de masse... Et l'interdit appelle la répression. [...]

Ainsi deux types d'attitudes s'opposent dans la perception de l'espace montagnard, et tendent à se constituer en systèmes d'opinions cohérents. Tendent seulement... car la plupart des réponses ne sont pas aussi univoques, mais mêlées et nuancées ; dans chaque montagnard d'occasion dort un aménageur potentiel, mais souvent aussi ce même touriste, qui vient s'abreuver aux sources de la régénération, peut tenir sur certains points un discours protecteur rigoureux.

Jean-Paul Bozonnet, *Des Monts et des Mythes*, 1992.

(1) *S'offusquent* (ligne 9) : se choquent.
(2) *Gangrenée* (ligne 23) : très abîmée (image empruntée au domaine médical : la gangrène est un pourrissement des chairs).
(3) *Laissent augurer* (ligne 24) : laissent prévoir.

QUESTIONS (10 POINTS)

1) Quelles sont les deux grandes parties du texte ? Quel mot fait la liaison entre ces deux parties ? *(2 points)*
2) Quel mot introduit le dernier paragraphe ? Quelle est la fonction de celui-ci ? *(2 points)*
3) Les sentiments personnels de l'auteur interviennent-ils dans ce texte ? Justifiez votre réponse. *(2 points)*
4) Résumez les lignes 18 à 33. *(4 points)*

TRAVAUX D'ÉCRITURE (10 POINTS)

1) Composez un texte identique par sa structure mais sur un autre sujet : la mer par exemple, ou la ville. *(6 points)*
2) Rajoutez au texte un paragraphe où s'exprimerait une opinion « nuancée ». *(4 points)*

POUR DÉMARRER

Le texte a le mérite d'être clairement structuré: cela permettra de faciliter les réponses aux questions.

Les travaux d'écriture font appel à l'appel à l'interrogation et au raisonnement. On veillera surtout à la qualité et à la clarté de l'argumentation. Les exemples sont indispensables.

Sujet national

Séries technologiques

25*

Septembre 1994

Thème traité :
Problème de société.

Si je vous parle d'une mesure qui brime arbitrairement la liberté et s'accompagne d'une insupportable répression, vous ne pouvez que partager mon indignation. Ce serait même le bon moment pour vous mettre une pétition sous le nez et un stylo dans la main. Refuseriez-vous de signer au risque de passer pour un nostalgique de l'Etat totalitaire ? Voilà, vous venez de réclamer la suppression des limitations de vitesse. Car c'est au nom des droits de l'homme et du citoyen réunis que le lobby (1) de l'automobile mène son combat et réussit à convaincre des millions d'automobilistes qui, à vrai dire, ne demandent qu'à l'être. Et pourtant...

Toutes les études prouvent que la vitesse constitue, et de loin, la première cause des accidents et qu'il ne sert à rien de lancer des campagnes de sécurité routière si l'on ne commence pas par la limiter. Seule une nécessité incontournable peut contraindre tous les gouvernements à prendre une mesure aussi impopulaire. Car les automobilistes aiment à conduire vite et sont tout disposés à croire qu'il s'agit là d'un plaisir innocent. Les constructeurs, relayés par les différentes associations et l'ensemble de la presse spécialisée, ne manquent pas d'argumenter contre cette « intolérable brimade ». Mais leurs plaidoyers résistent mal à l'évidence des faits. Comment contester que l'apparition des limitations de vitesse a brutalement fait baisser le nombre des morts et que, par conséquent, leur suppression le ferait de nouveau augmenter ? C'est alors que les chantres (2) du 200 kilomètres à l'heure jettent dans la balance l'argument décisif : l'atteinte à la liberté individuelle.

Ayant consacré une émission à la sécurité routière – et, par conséquent, au respect des limitations de vitesse –, je fus submergé par les protestations d'automobilistes « rapides ». Et sans cesse revenait la référence à ces grands principes : « Vous êtes incapable de concevoir un monde de liberté et de responsabilité », « Vous voulez nous faire vivre dans une société policière. Vous ne pensez qu'à la répression ». Un boulimique du kilomètre-heure me lança même : « C'est la Roumanie – celle de Ceausescu bien sûr – que vous voulez » ! Le droit d'écraser l'emportait sur celui de n'être pas écrasé. Une perversion des valeurs dont bien des correspondants n'étaient sans doute qu'à demi conscients. Tous nos Prost de la départementale se transformaient en Gandhi de la désobéissance civique, en combattants de la liberté face à l'oppression gendarmesque.

Pour surmonter les évidences rationnelles et la crainte de l'accident, il suffit de jeter dans la balance la défense des libertés en premier lieu, mais également la valorisation personnelle. Les partisans de la vitesse font partie des 70 % de Français qui se jugent « bons conducteurs ». Le refus des limitations devient alors une affirmation de cette compétence indémontrée. [...] La limitation heurte la vanité du conducteur, la chose de la route la mieux partagée ; la sanction, elle, agresse nos libertés chéries. Le cinémomètre-radar (3) devient un engin totalitaire et nos chauffards se transforment en victimes de l'autoritarisme.

François de CLOSETS, *La Grande Manip*, Éditions du Seuil, 1990.

(1) *Lobby :* groupe de pression.

(2) *Chantres :* ceux qui font l'éloge.

(3) *Cinémomètre :* appareil qui sert à mesurer la vitesse.

QUESTIONS (10 POINTS)

1) Montrez qu'il y a au début un effet de surprise. *(2 points)*
2) Quelles sont selon l'auteur les conséquences de la vitesse ? *(2 points)*
3) Quels sont les arguments qu'on lui oppose ? Par quels procédés les rend-il inefficaces ? *(4 points)*
4) Expliquez la dernière phrase du troisième paragraphe (lignes 29 à 31). *(2 points)*

TRAVAUX D'ÉCRITURE (10 POINTS)

1) Quelles sont les autres contraintes que la société nous impose et qui portent atteinte à la liberté individuelle ? *(5 points)*
2) Faites en 20 lignes l'éloge de la lenteur. *(5 points)*

POUR DÉMARRER

On définira d'abord le ton du texte. Chaque réponse sera illustrée d'exemples.

Pour les travaux d'écriture, on pourra aussi utiliser l'humour... mais on sera très attentif à la forme (correction de l'expression, de la construction, etc.).

Antilles-Guyane

Séries technologiques

26*

Septembre 1994

Thèmes traités :
Les cultures. Problèmes de société.

Le monde balance entre l'indifférence et l'intolérance. La sympathie est comme morte.

L'indifférence est grave. Dans les grandes villes, dans les sociétés occidentales, partout où les communautés élémentaires ont disparu ou se sont affadies, chacun est seul et plus personne ne communique. Un mal ronge non les êtres, mais leurs relations réciproques.

Nous ne nous écoutons plus ; nous ne nous voyons plus. Existons-nous aux yeux des autres et ceux-ci existent-ils pour nous ? Rencontres de hasard sur fond d'égocentrisme. Vibrations douloureuses d'une voix sans écho.

On parle peu de ce mal, que les médias amplifient de leur intarissable monologue, de leur impérieux et vain discours-spectacle. Et pourtant il est destructeur : solitude dans la foule, solitude chez soi, solitude face au monde, solitude face à rien, puisque le sacré lui-même nous échappe, faute de ne plus nous envahir.

Mais il y a aussi grave. Et c'est l'intolérance. Elle n'est pas refus de la solidarité avec l'autre, elle est refus de l'autre pour ce qu'il est, ce qu'il fait, ce qu'il pense et, bientôt, refus de l'autre parce qu'il est. [...]

L'intolérance n'est sans doute pas plus répandue qu'elle ne l'était jadis – au contraire même. Elle marque depuis toujours l'histoire de l'espèce. Elle s'apparente peut-être à cet instinct de possession et de sécurité qui pousse l'animal à défendre son territoire contre toute intrusion.

Allant au-delà de l'esprit de conquête qui s'en prend aux biens, elle conduit à la domination, à l'extermination, car dès lors qu'il existe, l'autre représente un danger. Elle refuse l'existence à celui qui ne partage pas la même croyance. [...]

L'intolérance, c'est le refus de la différence, c'est la quête sanglante de l'uniformité, le refus de toute autonomie, de toute diversité. C'est le refus de l'échange parce qu'il désarme la haine, le refus de la cohabitation parce qu'elle accepte les différences. C'est la mort.

C'est la mort de la Pensée au nom d'une pensée, qu'elle soit révélée ou construite. C'est le refus du doute, qui enrichit parce qu'il met en question, et de la découverte parce qu'elle ébranle l'édifice des certitudes. C'est la négation de l'originalité parce qu'elle refuse un modèle et le rejet de la démocratie car elle est liberté, débat et alternance. C'est la négation de la diversité, fût-elle silencieuse et discrète. Il suffit d'être différent pour mériter de périr par le glaive ! [...]

Parmi les intolérances, il y a le racisme. L'espèce est composée d'hommes et de femmes différents, mais tous humains à l'évidence, tous plantigrades et doués de la parole, tous capables de s'adapter et de construire. Et voilà que certains, nombreux, prétendent à nier la diversité qui est dans la nature, en prétextant qu'il existerait une race supérieure – la leur évidemment.

Qui nous enseignera l'infinie diversité des êtres dans l'évidente unité de l'espèce ? [...]

C'est au nom de l'unité de l'espèce que j'accepte, que j'aime sa diversité. Et c'est au nom de la diversité des cultures, des héritages, des climats, des races, des croyances, des visions, des mœurs, que je suis en quête de l'unité sans laquelle il n'y aurait pas de sens.

Edgar PISANI, *Le Courrier de l'Unesco*, juin 1992.

QUESTIONS (10 POINTS)

1) Quelles sont les différentes parties du texte ?
2) Étudiez le rôle des pronoms (lignes 5 à 8).
3) Quelle est la fonction des répétitions (lignes 5 à 14) ?
4) Quel est l'effet produit par la répétition de « c'est » (lignes 21 à 28) ? Comment s'appelle cette figure de style ?
5) À quel moment du texte l'auteur exprime-t-il son opinion personnelle ?

TRAVAUX D'ÉCRITURE (5 POINTS PAR QUESTION)

1) Illustrez l'argumentation du texte par des exemples pris dans vos lectures et dans l'actualité.
2) Faites en une vingtaine de lignes l'éloge de la « différence » entre les êtres humains.

POUR DÉMARRER

- Les questions ne posent pas de problèmes particuliers. On veillera surtout à les rédiger correctement...
- Pour les travaux d'écriture, on essaiera de se libérer du texte et de trouver d'autres arguments. Toutes ces réponses doivent être construites et encadrées d'une introduction et d'une conclusion (courtes).

Polynésie française

Séries technologiques

27**

Septembre 1994

Thèmes traités :

L'information. Télévision et journal écrit.

La presse écrite est en crise. Elle connaît, en France et ailleurs, une baisse notable de sa diffusion et souffre gravement d'une perte d'identité et de personnalité. Pour quelles raisons, et comment en est-on arrivé là ? Indépendamment de l'influence certaine du contexte économique et de la récession, il faut chercher, nous semble-t-il, les causes profondes de cette crise dans la mutation qu'ont connue, au cours de ces dernières années, quelques-uns de ces concepts (1) de base du journalisme.

En premier lieu, l'idée même d'information. Jusqu'à il y a peu, informer, c'était, en quelque sorte, fournir non seulement la description précise – et vérifiée – d'un fait, d'un événement, mais également un ensemble de paramètres contextuels (2) permettant au lecteur de comprendre sa signification profonde. C'était répondre à des questions de base : qui a fait quoi ? Avec quels moyens ? Où ? Comment ? Pourquoi ? Et quelles en sont les conséquences ?

Cela a totalement changé sous l'influence de la télévision, qui occupe désormais, dans la hiérarchie des médias, une place dominante et répand son modèle. Le journal télévisé, grâce notamment à son idéologie du direct et du temps réel, a imposé peu a peu une conception radicalement différente de l'information. Informer, c'est, désormais, « montrer l'histoire en marche » ou, en d'autres termes, faire assister (si possible en direct) à l'événement. Il s'agit, en matière d'information, d'une révolution copernicienne (3) dont on n'a pas fini de mesurer les conséquences. Car cela suppose que l'image de l'événement (ou sa description) suffit à lui donner toute sa signification. A la limite, le journaliste lui-même est de trop dans ce face-à-face télespectateur-histoire. L'objectif prioritaire pour le télespectateur, sa satisfaction, n'est plus de comprendre la portée d'un événement, mais tout simplement de le regarder se produire sous ses yeux. Cette coïncidence est considérée comme jubilatoire. Ainsi s'établit, petit à petit, la trompeuse illusion que voir c'est comprendre. (...)

Un autre concept a changé : celui de l'actualité. Qu'est-ce que l'actualité désormais ? Quel événement faut-il privilégier dans le foisonnement de faits qui surviennent à travers le monde ? En fonction de quels critères choisir ? Là encore, l'influence de la télévision apparaît déterminante. C'est elle, avec l'impact de ses images, qui impose son choix et contraint *nolens volens* (4) la presse écrite à suivre. La télévision construit l'actualité, provoque le choc émotionnel et condamne pratiquement les faits orphelins d'images au silence, à l'indifférence. Peu à peu s'établit dans les esprits l'idée que l'importance des événements est proportionnelle à leur richesse en images. Ou, pour le dire autrement, qu'un événement que l'on peut montrer (si possible en direct et en temps réel) est plus fort, plus intéressant, plus éminent que celui qui demeure invisible et dont l'importance est abstraite. Dans le nouvel ordre des médias, les paroles ou les textes ne valent pas des images.

Le temps de l'information a également changé. La scansion (5) optimale des médias est maintenant l'instantanéité (le temps réel), le direct, que seules télévision et radio peuvent pratiquer. Cela vieillit la presse quotidienne, forcément en retard sur l'événement et, à la fois, trop près de lui pour parvenir à tirer, avec suffisamment de recul, tous les enseignements de ce qui vient de se produire. La presse écrite accepte de s'adresser, non plus à des citoyens, mais à des téléspectateurs.

Ignatio RAMONET
Le Monde diplomatique ; octobre 1993

(1) *Concept :* idée générale, principe.

(2) *Paramètres contextuels :* données qui permettent de connaître les circonstances dans lesquelles s'est produit l'événement.

(3) *Une révolution copernicienne :* Copernic (1473-1543). Il émit l'hypothèse du double mouvement des planètes sur elles-mêmes et autour du Soleil, ce qui bouleversait la conception moyenâgeuse d'un univers céleste tournant autour de la Terre.

(4) *Nolens volens* (expression latine) : qu'on le veuille ou pas.

(5) *La scansion :* le fait de mettre l'accent sur un mot ou un événement, de le mettre en valeur.

QUESTIONS (10 POINTS)

1) Qu'est-ce qui oppose, selon l'auteur, informations écrite et télévisée ? (lignes 1 à 21) *(3 points)*

2) Quelle autre influence exerce la télévision sur l'information ? (lignes 22 à 31) *(3 points)*

3) Résumez le dernier argument. (lignes 32 à 36) *(2 points)*

4) Quelle différence y a-t-il entre un citoyen et un téléspectateur ? (ligne 36) *(2 points)*

TRAVAUX D'ÉCRITURE (10 POINTS)

1) « La trompeuse illusion que voir c'est comprendre », écrit l'auteur. En quoi est-ce une illusion ? *(5 points)*

2) Quels sont les avantages que conserve la presse écrite sur la télévision et la radio ? *(5 points)*

POUR DÉMARRER

Le texte est assez difficile : il sera donc lu avec soin. Les questions ne posent pas de problèmes particuliers, sauf la première du II : on opposera le travail de réflexion intellectuelle (qui passe par l'abstraction) à l'illusion de savoir que procurent les images.

2e partie

Le commentaire littéraire

Groupement I
Séries générales

28**

Juin 1995 **CORRIGÉ**

Thèmes traités :
L'autobiographie. L'enfance. Lieux de vie.

Albert Samain, né à Lille, fut orphelin de père à l'âge de 14 ans.

Mon enfance captive a vécu dans des pierres,
Dans la ville où sans fin, vomissant le charbon,
L'usine en feu dévore un peuple moribond.
Et pour voir des jardins je fermais les paupières...

J'ai grandi ; j'ai rêvé d'orient, de lumières,
De rivages de fleurs où l'air tiède sent bon,
De cités aux noms d'or, et, seigneur vagabond,
De pavés florentins où traîner des rapières. (1)

Puis je pris en dégoût le carton du décor
Et maintenant, j'entends en moi l'âme du Nord
Qui chante, et chaque jour j'aime d'un cœur plus fort

Ton air de sainte femme, ô ma terre de Flandre,
Ton peuple grave et droit, ennemi de l'esclandre, (2)
Ta douceur de misère ou le cœur se sent prendre,

Tes marais, tes prés verts où rouissent (3) les lins,
Tes bateaux, ton ciel gris où tournent les moulins,
Et cette veuve en noir avec ses orphelins...

A. SAMAIN, *Le chariot d'or*, 1901.

(1) *Rapière :* épée à lame fine et longue.
(2) *Esclandre :* vacarme tapageur par lequel on se fait remarquer.
(3) *Rouir :* a ici le sens de « roussir ».

QUESTIONS

1) Étudiez le système d'énonciation.

2) Quelles remarques peut-on formuler sur la construction du poème ?

COMMENTAIRE COMPOSÉ

POUR DÉMARRER

Le choix du plan est assez délicat. On mettra surtout en valeur dans le commentaire la progression du texte (et l'évolution des sentiments du poète) et les jeux d'opposition (entre réalité et rêve d'une part ; les deux visions successives d'une même réalité d'autre part).

Groupement II

Séries générales

29**

Juin 1995

Thème traité :
La nature.

Pour échapper aux poursuites du policier Javert, Jean Valjean s'est installé rue Plumet avec Cosette, jeune orpheline qu'il a recueillie et qu'il vient de faire sortir du couvent. La maison possède deux entrées : Jean Valjean n'utilise que l'entrée dérobée de la rue de Babylone et la grille du jardin qui donne sur la rue Plumet reste toujours fermée ; de plus, il laisse le jardin inculte pour ne pas attirer l'attention. Ce jardin sera le cadre de l'idylle de Marius et de Cosette.

Il y avait un banc de pierre dans un coin, une ou deux statues moisies, quelques treillages décloués par le temps pourrissant sur le mur ; du reste plus d'allées ni de gazon ; du chiendent partout. Le jardinage était parti et la nature était revenue. Les mauvaises herbes abondaient, aventure admirable pour un pauvre coin de terre. La fête des giroflées y était splendide.

Rien dans ce jardin ne contrariait l'effort sacré des choses vers la vie ; la croissance vénérable était là chez elle. Les arbres s'étaient baissés vers les ronces, les ronces étaient montées vers les arbres, la plante avait grimpé, la branche avait fléchi, ce qui rampe sur la terre avait été trouver ce qui s'épanouit dans l'air, ce qui flotte au vent s'était penché vers ce qui se traîne dans la mousse ; troncs, rameaux, feuilles, fibres, touffes, vrilles, sarments, épines, s'étaient mêlés, traversés, mariés, confondus ; la végétation, dans un embrassement étroit et profond, avait célébré et accompli là, sous l'œil satisfait du créateur, en cet enclos de trois cents pieds carrés, le saint mystère de sa fraternité, symbole de la fraternité humaine. Ce jardin n'était plus un jardin, c'était une broussaille colossale ; c'est-à-dire quelque chose qui est impénétrable comme une forêt, peuplé comme une ville, frissonnant comme un nid, sombre comme une cathédrale, odorant comme un bouquet, solitaire comme une tombe, vivant comme une foule.

Victor Hugo, *Les Misérables*, quatrième partie, « L'Idylle rue Plumet et l'épopée rue St Denis » ; livre troisième, « La maison de la rue Plumet » ; chapitre 3, « Foliis ac frondibus » ; Édition Garnier-Flammarion, tome 2, p. 413.

QUESTIONS (4 POINTS)

1) Montrez comment la nature s'est progressivement métamorphosée.

2) Quelle est la portée symbolique de cette description ?

COMMENTAIRE COMPOSÉ (16 POINTS)

POUR DÉMARRER

On sera sensible surtout à la vitalité du texte et à la richesse du vocabulaire, en parfaite harmonie avec l'exubérance même de la nature. Les effets de style seront étudiés de près (les nombreuses comparaisons par exemple et les accumulations de mots), ainsi que la portée symbolique de cet extrait.

Groupement III

Séries générales

30**

Juin 1995 **CORRIGÉ**

Thèmes traités :
L'autobiographie. L'enfance. La parodie.

Dans le premier livre des mémoires d'outre-tombe, François-René de Chateaubriand (1768-1848) retrace son enfance bretonne. Il évoque ici les jeux inspirés par un camarade espiègle, Gesril, sur la grève de Saint-Malo.

Nous étions un dimanche sur la grève, à l'éventail de la porte Saint-Thomas [1] à l'heure de la marée. Au pied du château et le long du Sillon, de gros pieux enfoncés dans le sable protègent les murs contre la houle. Nous grimpions ordinairement au haut de ces pieux pour voir passer au-dessous de nous les premières ondulations du flux. Les places étaient prises comme de coutume ; plusieurs petites filles se mêlaient aux petits garçons. J'étais le plus en pointe vers la mer, n'ayant devant moi qu'une jolie mignonne, Hervine Magon, qui riait de plaisir et pleurait de peur. Gesril se trouvait à l'autre bout du côté de la terre. Le flot arrivait, il faisait du vent ; déjà les bonnes et les domestiques criaient : « Descendez, Mademoiselle ! descendez, Monsieur ! » Gesril attend une grosse lame : lorsqu'elle s'engouffre entre les pilotis, il pousse l'enfant assis auprès de lui ; celui-là se renverse sur un autre ; celui-ci sur un autre ; toute la file s'abat comme des moines de cartes [2], mais chacun est retenu par son voisin ; il n'y eut que la petite fille de l'extrémité de la ligne sur laquelle je chavirai qui, n'étant appuyée par personne, tomba. Le jusant [3] l'entraîne ; aussitôt mille cris, toutes les bonnes retroussant leurs robes et tripotant dans la mer, chacune saisissant son magot [4] et lui donnant une tape. Hervine fut repêchée ; mais elle déclara que François l'avait jetée bas. Les bonnes fondent sur moi ; je leur échappe ; je cours me barricader dans la cave de la maison : l'armée femelle me pourchasse. Ma mère et mon père étaient heureusement sortis. La Villeneuve [5] défend vaillamment la porte et soufflette l'avant-garde ennemie. Le véritable auteur du mal, Gesril, me prête secours : il monte chez lui, et avec ses deux sœurs jette par les fenêtres des potées d'eau et des pommes cuites aux assaillantes. Elles levèrent le siège à l'entrée de la nuit ; mais cette nouvelle se répandit dans la ville, et le chevalier de Chateaubriand, âgé de neuf ans, passa pour un homme atroce, un reste de ces pirates dont saint Aaron avait purgé son rocher (6).

La Vallée-aux-loups, juin 1812.

François-René de CHATEAUBRIAND, *Mémoires d'outre-tombe*, livre premier, 8.

(1) Il s'agit des fortifications de Saint-Malo.

(2) Comme des châteaux de cartes.

(3) Le reflux.

(4) Le terme, qui s'applique à une sorte de singe, désigne ici les enfants.

(5) Nourrice de l'auteur.

(6) Ce rocher est une île, face à l'embouchure de la Rance, sur l'actuel site de Saint-Malo ; l'ermite Aaron y établit sa demeure en l'an 507.

QUESTIONS (4 POINTS)

1) Commentez l'emploi des temps et des pronoms utilisés par l'auteur dans cet extrait.

2) Relevez quelques détails qui montrent l'humour du narrateur.

COMMENTAIRE COMPOSÉ

POUR DÉMARRER

L'étude méticuleuse du texte permet de construire le commentaire sur deux axes au moins : une évocation de l'enfance avec toute la nostalgie qui l'accompagne ; et une description amusée d'une « guerre pour rire » dans laquelle l'auteur se livre à une parodie de l'épopée traditionnelle.

Groupement IV

Séries générales

31**

Juin 1995 **CORRIGÉ**

Thème traité :
Mythologie grecque.

Pour séduire Alcmène, une mortelle, Jupiter a pris l'apparence de son mari Amphitryon... Dans cette scène, Alcmène croit donc parler à ce dernier. Quant aux maître des dieux, satisfait de sa nuit d'amour, il propose à Alcmène de devenir déesse.

Jupiter. - Tu n'as jamais désiré être déesse, ou presque déesse ?

Alcmène. - Certes non. Pourquoi faire ?

Jupiter. - Pour être honorée et révérée de tous.

Alcmène. - Je le suis comme simple femme, c'est plus méritoire.

Jupiter. - Pour être d'une chair plus légère, pour marcher sur les airs, sur les eaux.

Alcmène. - C'est ce que fait toute épouse, alourdie d'un bon mari.

Jupiter. - Pour comprendre les raisons des choses, des autres mondes.

Alcmène. - Les voisins ne m'ont jamais intéressée.

Jupiter. - Alors, pour être immortelle !

Alcmène. - Immortelle ? A quoi bon ? A quoi cela sert-il ?

Jupiter. - Comment, à quoi ! Mais à ne pas mourir !

Alcmène. - Et que ferai-je, si je ne meurs pas ?

Jupiter. - Tu vivras éternellement, chère Alcmène, changée en astre ; tu scintilleras dans la nuit jusqu'à la fin du monde.

Alcmène. - Qui aura lieu ?

Jupiter. - Jamais.

Alcmène. - Charmante soirée ! Et toi, que feras-tu ?

Jupiter. - Ombre sans voix, fondue dans les brumes de l'enfer, je me réjouirai de penser que mon épouse flamboie là-haut, dans l'air sec. (1)

Alcmène. - Tu préfères d'habitude les plaisirs mieux partagés... Non, chéri, que les dieux ne comptent pas sur moi pour cet office... L'air de la nuit ne vaut d'ailleurs rien à mon teint de blonde... Ce que je serais crevassée, au fond de l'éternité !

Jupiter. - Mais que tu seras froide et vaine, au fond de la mort !

Alcmène. - Je ne crains pas la mort. C'est l'enjeu de la vie. Puisque ton Jupiter, à tort ou à raison, a créé la mort sur la terre, je me solidarise avec mon astre. Je sens trop mes fibres continuer celles des autres hommes, des animaux, même des plantes, pour ne pas suivre leur sort. Ne me parle pas de ne pas mourir tant qu'il n'y aura pas un légume immortel. Devenir immortel, c'est trahir, pour un humain. D'ailleurs, si je pense au grand repos que donnera la mort à toutes nos petites fatigues, à nos ennuis de second ordre, je lui suis reconnaissante de sa plénitude, de son abondance même... S'être impatienté soixante ans pour des vêtements mal teints, des repas mal réussis, et avoir enfin la mort, la constante, l'étale mort, c'est une récompense hors de toute proportion... Pourquoi me regardes-tu soudain de cet air respectueux ?

Jupiter. - C'est que tu es le premier être vraiment humain que je rencontre...

Jean GIRAUDOUX, *Amphitryon 38*, 1929, Acte II, Scène 2.

(1) Jupiter oppose la destinée posthume des hommes devenus des ombres sous terre à l'existence astrale des divinités dans la zone la plus pure du ciel, celle des feux lumineux.

QUESTIONS

1) Montrez que dans cette scène, les personnages débattent avec humour et légèreté de questions et de thèmes qui ne manquent pas d'une certaine gravité.

2) Quelle est l'évolution des rapports entre les deux personnages ?

COMMENTAIRE COMPOSÉ

POUR DÉMARRER

On n'oubliera pas d'étudier ce texte comme une scène de théâtre (vivacité et humour des dialogues, etc.) et on dégagera ce qui fait l'essentiel de sa substance : l'opposition entre deux mondes, le divin et le terrestre. C'est finalement pour ce dernier que penche nettement le beau personnage d'Alcmène.

Antilles-Guyane

Séries générales

32**

Juin 1995

Thème traité :
Le voyage. L'aventure. La quête.

Le héros de « L'Or », Johan August Suter, est parti pour l'Amérique dans la première moitié du XIXe siècle pour y faire fortune. D'abord fermier dans le Missouri, il s'intéresse beaucoup à ce que racontent les gens de passage qu'il accueille dans son domaine…

Un jour, il a une illumination. Tous, tous les voyageurs qui ont défilé chez lui, les menteurs, les bavards, les vantards, les hâbleurs, et même les plus taciturnes, tous ont employé un mot immense qui donne toute sa grandeur à leurs récits. Ceux qui en disent trop comme ceux qui n'en disent pas assez, les fanfarons, les peureux, les chasseurs, les outlaws [1], les trafiquants, les colons, les trappeurs, tous, tous, tous, tous parlent de l'Ouest, ne parlent en somme que de l'Ouest.

L'Ouest.

Mot mystérieux.

Qu'est-ce que l'Ouest ?

Voici la notion qu'il en a.

De la vallée du Mississipi jusqu'au-delà des montagnes géantes, bien loin, bien loin, bien avant dans l'ouest, s'étendent des territoires immenses, des terres fertiles à l'infini. La prairie. La patrie des innombrables tribus peaux rouges et des grands troupeaux de bisons qui vont et viennent comme le flux de la mer.

Mais après, mais derrière ?

Il y a des récits d'Indiens qui parlent d'un pays enchanté, de villes d'or, de femmes qui n'ont qu'un sein. Même les trappeurs qui descendent du nord avec leur chargement de fourrures ont entendu parler sous leur haute latitude de ces pays merveilleux de l'ouest, où, disent-ils, les fruits sont d'or et d'argent.

L'Ouest ? Qu'est-ce que c'est ? Qu'est-ce qu'il y a ? Pourquoi y a-t-il tant d'hommes qui s'y rendent et qui n'en reviennent jamais ? Ils sont tués par les Peaux Rouges ; mais celui qui passe outre ? Il meurt de soif ; mais celui qui traverse les déserts ? Il est arrêté par les montagnes ; mais celui qui franchit le col ? Où est-il ? Qu'a-t-il vu ? Pourquoi y a-t-il tant parmi ceux qui passent chez moi qui piquent directement au nord et qui, à peine dans la solitude, obliquent brusquement à l'ouest ?

Blaise CENDRARS, *L'Or*, 1925.

(1) *Outlaw :* hors-la-loi.

QUESTIONS (4 POINTS)

1) Quelles remarques peut-on faire sur la structure du texte (longueur des paragraphes, etc.) et la syntaxe utilisée (nombreuses interrogations) ? *(2 points)*
2) Relevez les thèmes traditionnels du roman d'aventure que l'on retrouve dans cet extrait. *(2 points)*

COMMENTAIRE COMPOSÉ (16 POINTS)

POUR DÉMARRER

Dans le commentaire, on insistera sur la forme particulière du texte : les petits paragraphes, les interrogations, les répétitions... On verra comment l'auteur renouvelle les thèmes traditionnels du roman d'aventures.

Polynésie française

Séries générales

33*

Juin 1995

Thème traité :
Le livre.

Dans son roman La révolte des anges *(1914), Anatole France, brossant l'histoire d'une famille française conservatrice et « bien pensante » décrit la bibliothèque de René d'Esparvieu dont M. Sariette est l'employé.*

M. Sariette aimait sa bibliothèque. Il l'aimait d'un amour jaloux. Chaque jour, il s'y rendait dès sept heures du matin, et là, sur un grand bureau d'acajou, il cataloguait. Les fiches écrites de sa main remplissaient le cartonnier monumental dressé près de lui. [...]

Le lendemain, M. Sariette reprenait, à sept heures sonnantes, sa place à la bibliothèque et cataloguait. Cependant, assis à son bureau, il jetait à tout venant un regard de Méduse [1] dans la crainte que ce ne fût un emprunteur de livres. Il eût voulu, par ce regard, changer en pierre non seulement les magistrats, les hommes politiques, les prélats, qui s'autorisaient de leur familiarité avec le maître de céans pour demander quelque ouvrage en communication, mais encore M. Gaétan qui, bienfaiteur de la bibliothèque, prenait parfois quelque vieillerie égrillarde [2] ou impie pour les jours de pluie à la campagne, Mme René d'Esparvieu, lorsqu'elle venait chercher un livre à faire lire aux malades de son hôpital, et M. René d'Esparvieu lui-même, qui pourtant se contentait à l'ordinaire du Code Civil et du Dalloz [3]. En emportant le moindre bouquin, on lui arrachait l'âme. Pour refuser des prêts à ceux-là même qui y avaient le plus de droits, M. Sariette inventait mille mensonges ingénieux ou grossiers et ne craignait pas de calomnier son administration, ni de faire douter de sa vigilance, en disant égaré ou perdu un volume qu'un instant auparavant, il couvait des yeux, il pressait sur son cœur. Et, quand enfin il lui fallait absolument livrer un volume, il le reprenait vingt fois à l'emprunteur avant de le lui abandonner.

Il tremblait sans cesse que quelqu'un des objets confiés à ses soins ne vînt à s'échapper. Conservateur de trois cent soixante mille volumes, il avait constamment trois cent soixante mille sujets d'alarmes. Parfois, il s'éveillait, la nuit, trempé d'une sueur froide et poussant un cri d'angoisse, pour avoir vu en rêve un trou sur un des rayons de ses armoires.

Il lui paraissait monstrueux, inique et désolant, qu'un livre quittât jamais son casier. Sa noble avarice exaspérait M. René d'Esparvieu, qui, méconnaissant les vertus de son parfait bibliothécaire, le traitait de vieux maniaque.

Anatole FRANCE, *La Révolte des Anges,* Calmann-Lévy.

(1) *Méduse :* l'une des Gorgones ; son regard pétrifiait quiconque osait la fixer.

(2) *Égrillarde :* licencieuse, libertine, grivoise.

(3) *Dalloz :* dictionnaire de droit.

QUESTIONS (4 POINTS)

1) À quels détails voit-on l'attachement passionnel de M. Sarriette à ses livres ? *(2 points)*

2) Relevez quelques effets comiques. *(2 points)*

COMMENTAIRE COMPOSÉ (16 POINTS)

POUR DÉMARRER

Le texte est d'une tonalité humoristique très marquée qu'il ne faut pas manquer de mettre en valeur. On pourra voir comment se manifeste une relation passionnelle pour des livres, qui se transforme peu à peu en obsession.

Centres étrangers - Groupe 1

Séries générales

34***

Juin 1995

Thème traité :

L'avenir. Le changement. La Révolution.

Lors de l'insurrection parisienne de juin 1832, Enjolras, un jeune révolutionnaire s'adresse du haut d'une barricade aux insurgés.

Citoyens, le dix-neuvième siècle est grand, mais le vingtième siècle sera heureux. Alors plus rien de semblable à la vieille histoire ; on n'aura plus à craindre, comme aujourd'hui, une conquête, une invasion, une usurpation, une rivalité de nations à main armée, une interruption de civilisation dépendant d'un mariage de rois, une naissance dans les tyrannies héréditaires, un partage de peuples par congrès, un démembrement par écroulement de dynastie, un combat de deux religions se rencontrant de front, comme deux boucs de l'ombre, sur le pont de l'infini : on n'aura plus à craindre la famine, l'exploitation, la prostitution par détresse, la misère par chômage, et l'échafaud, et le glaive, et les batailles, et tous les brigandages du hasard dans la forêt des événements. On pourrait presque dire : il n'y aura plus d'événements. On sera heureux. Le genre humain accomplira sa loi comme le globe terrestre accomplit la sienne ; l'harmonie se rétablira entre l'âme et l'astre. L'âme gravitera autour de la vérité comme l'astre autour de la lumière. Amis, l'heure où nous sommes et où je vous parle est une heure sombre ; mais ce sont là les achats terribles de l'avenir. Une révolution est un péage. Oh ! le genre humain sera délivré, relevé et consolé ! Nous le lui affirmons sur cette barricade. D'où poussera-t-on le cri d'amour, si ce n'est du haut du sacrifice ?

Victor HUGO, *Les Misérables*, 1862, 5e partie, livre 1, chapitre V.

QUESTIONS (4 POINTS)

1) À quels temps sont conjugués les verbes de ce texte ? Quel est l'effet produit ? *(2 points)*
2) Montrez rapidement ce que ce discours a d'exalté et de visionnaire. *(2 points)*

COMMENTAIRE COMPOSÉ (16 POINTS)

POUR DÉMARRER

On insistera surtout sur l'aspect visionnaire et exalté de ce discours, dont on mettra à la fois en valeur la générosité et les qualités oratoires. On n'oubliera pas de resituer cette harangue prononcée sur les barricades dans le contexte précis où il se trouve dans le roman (il s'agit pour Enjolras de magnifier la portée du sacrifice de ses camarades).

Centres étrangers - Groupe 2

Séries générales

35**

Juin 1995 **CORRIGÉ**

Thèmes traités :
La guerre. L'amour.

Je pense à toi mon Lou [1] ton cœur est ma caserne
Mes sens sont tes chevaux ton souvenir est ma luzerne [2]

Le ciel est plein ce soir de sabres d'éperons
Les canonniers s'en vont dans l'ombre lourds et prompts

Mais près de moi je vois sans cesse ton image
Ta bouche est la blessure ardente du courage

Nos fanfares éclatent dans la nuit comme ta voix
Quand je suis à cheval tu trottes près de moi

Nos 75 [3] sont gracieux comme ton corps
Et tes cheveux sont fauves comme le feu d'un obus
qui éclate au nord

Je t'aime tes mains et mes souvenirs
Font sonner à toute heure une heureuse fanfare
Des soleils tour à tour se prennent à hennir
Nous sommes les bat-flanc [4] sur qui ruent les étoiles

Guillaume APOLLINAIRE, *Poèmes à Lou*, IV, 1914,
publication posthume en 1947.

(1) *Lou :* Lou est Louise de Coligny-Châtillon dont Apollinaire s'éprit, alors qu'il avait décidé de s'engager dans la guerre.

(2) *Luzerne :* plante fourragère.

(3) *75 :* canon utilisé pendant la guerre de 1914-1918.

(4) *Bat-flanc* (nom masc. invariable) : pièce de bois qui sépare deux chevaux dans une écurie.

QUESTIONS (4 POINTS)

1) Faites toutes les remarques que vous jugerez utiles sur la versification de ce poème.

2) Relevez métaphores et comparaisons. Quel effet produisent-elles ?

COMMENTAIRE COMPOSÉ (16 POINTS)

POUR DÉMARRER

Le poème aborde deux thèmes très classiques : l'amour et la guerre, mais pour les fondre d'une façon qui l'est beaucoup moins. On sera surtout sensible à la qualité et à la force des images (métaphores, comparaisons) qu'on devra étudier de près avant d'analyser le climat étrange qui est ainsi créé.

Sujet national

Séries générales

36**

Novembre 1994

Thèmes traités :
La mort. La Révolution.

La nuit du 4 décembre 1851, un enfant a été tué près d'une des barricades dressées à Paris contre le coup d'État du prince Louis-Napoléon Bonaparte, le futur empereur Napoléon III. Le poète donne d'abord la parole à la grand-mère de l'enfant défunt.

Souvenir de la nuit du quatre

« (...)
Il passait dans la rue, ils ont tiré dessus.
Monsieur, il était bon et doux comme un Jésus.
Moi je suis vieille, il est tout simple que je parte ;
Cela n'aurait rien fait à monsieur Bonaparte
De me tuer au lieu de tuer mon enfant ! »
Elle s'interrompit, les sanglots l'étouffant,
Puis elle dit, et tous pleuraient près de l'aïeule :
« Que vais-je devenir à présent toute seule ?
Expliquez-moi cela, vous autres, aujourd'hui.
Hélas ! Je n'avais plus de sa mère que lui.
Pourquoi l'a-t-on tué ? Je veux qu'on me l'explique.
L'enfant n'a pas crié vive la République. »

Nous nous taisions, debout et graves, chapeau bas,
Tremblant devant ce deuil qu'on ne console pas.

Vous ne compreniez point, mère, la politique.
Monsieur Napoléon, c'est son nom authentique,
Est pauvre, et même prince ; il aime les palais ;
Il lui convient d'avoir des chevaux, des valets,
De l'argent pour son jeu, sa table, son alcôve,
Ses chasses ; par la même occasion, il sauve
La famille, l'église et la société ;
Il veut avoir Saint-Cloud, plein de roses l'été,
Où viendront l'adorer les préfets et les maires ;
C'est pour cela qu'il faut que les vieilles grand'mères,
De leurs pauvres doigts gris que fait trembler le temps,
Cousent dans le linceul des enfants de sept ans.

2 décembre 1852, Jersey.
Victor HUGO, *Châtiments*, 1853.

QUESTIONS (4 POINTS)

1) Étudiez le rôle des pronoms (qui « parle » successivement...)
2) Relevez les éléments satiriques, et les procédés utilisés par l'auteur dans ce but.

COMMENTAIRE COMPOSÉ (16 POINTS).

POUR DÉMARRER

Il importe de voir d'abord la composition du texte : le « discours » de la grand-mère et la prise de parole du poète, dont les arguments se rejoignent : faire une critique très vive d'un régime qui s'instaure en tuant des innocents (ici un enfant).

On sera surtout attentif au procédé de l'antiphrase.

Centres étrangers

(Séries technologiques)
Adapté en sujet de Baccalauréat général

37***

Novembre 1994 **CORRIGÉ**

Thèmes traités :
L'amour.

Colloque sentimental

Dans le vieux parc solitaire et glacé,
Deux formes ont tout à l'heure passé.

Leurs yeux sont morts et leurs lèvres sont molles,
Et l'on entend à peine leurs paroles.

Dans le vieux parc solitaire et glacé,
Deux spectres ont évoqué le passé.

– Te souvient-il de notre extase ancienne ?
– Pourquoi voulez-vous donc qu'il m'en souvienne ?

– Ton cœur bat-il toujours à mon seul nom ?
Toujours vois-tu mon âme en rêve ? - Non.

– Ah ! les beaux jours de bonheur indicible
Où nous joignions nos bouches ! - C'est possible.

– Qu'il était bleu, le ciel, et grand, l'espoir !
– L'espoir a fui, vaincu, vers le ciel noir.

Tels ils marchaient dans les avoines folles,
Et la nuit seule entendit leurs paroles.

Paul VERLAINE, *Fêtes galantes*, 1869.

Note : colloque = entretien, conversation.

QUESTIONS (4 POINTS)

1) Étudiez le jeu des pronoms.

2) Quel commentaire peut-on faire sur la forme donnée par Verlaine à son poème.

COMMENTAIRE COMPOSÉ (16 POINTS)

POUR DÉMARRER

Pour ce commentaire, assez difficile - car le texte sous sa simplicité apparente est très complexe - on procédera à un inventaire complet des procédés de style et de versification utilisés ; on essaiera ensuite de dégager des thèmes.

Sujet national

Séries générales

38**

Septembre 1994

Thème traité :
L'amour. Le souvenir. La nostalgie.

Fanny rêvait, le soir à son balcon.
Je passais dans la rue obscure
Et l'odeur des tilleuls qui bordent l'avenue,
Un air de phonographe absurde et crépitant,
Un parfum de campagne et d'amour ingénu,
Me sont restés au cœur, si purs et si profonds
Que je ne vais jamais le long des maisons noires,
Je n'approche jamais de la campagne obscure
Sans chercher quelque part Fanny à son balcon.

Elle n'avait pour moi qu'un sentiment très vague,
Très nonchalant, très distrait, très lointain.

Je n'étais à ses yeux qu'un passant indistinct
Comme il en va, le soir, le long des terrains vagues.

Mais je sifflais comme font les garçons
Qui appellent les filles, depuis, dans mes romans.
  J'allais seul jusqu'au bar du coin,
  Je mettais le phono en marche,
  Je revenais sous son balcon...
Et Fanny se penchait quand j'étais déjà loin.

Francis CARCO, poète et romancier (1886-1958),
Petite Suite Sentimentale, 1936.

QUESTIONS (4 POINTS)

1) Quels sont les temps utilisés ? Quelle est leur valeur ?

2) Relevez les verbes de sensation. Quel effet contribuent-ils à créer ?

COMMENTAIRE COMPOSÉ (16 POINTS).

POUR DÉMARRER

On sera sensible à l'aspect musical de la composition de ce poème et aux notations discrètement autobiographiques qui le parcourent... l'étude des temps des verbes sera reprise et développée dans le commentaire composé.

Antilles-Guyane

Séries générales

39***

Septembre 1994 **CORRIGÉ**

Thèmes traités :
L'autobiographie. Paris. Rêve et réalité.

Jean-Jacques Rousseau, qui a passé sa jeunesse en Suisse et en Savoie principalement, découvre Paris à l'âge de 19 ans.

Combien l'abord de Paris démentit l'idée que j'en avais ! La décoration extérieure que j'avais vue à Turin, la beauté des rues, la symétrie et l'alignement des maisons, me faisaient chercher à Paris autre chose encore. Je m'étais figuré une ville aussi belle que grande, de l'aspect le plus imposant, où l'on ne voyait que de superbes rues, des palais de marbre et d'or. En entrant par le faubourg Saint-Marceau, je ne vis que de petites rues sales et puantes, de vilaines maisons noires, l'air de la malpropreté, de la pauvreté, des mendiants. des charretiers, des ravaudeuses, des crieuses de tisanes et de vieux chapeaux. Tout cela me frappa d'abord à tel point, que tout ce que j'ai vu depuis à Paris de magnificence réelle n'a pu détruire cette première impression, et qu'il m'en est resté toujours un secret dégoût pour l'habitation de cette capitale. Je puis dire que tout le temps que j'y ai vécu dans la suite ne fut employé qu'à y chercher des ressources pour me mettre en état d'en vivre éloigné. Tel est le fruit d'une imagination trop active, qui exagère par-dessus l'exagération des hommes, et voit toujours plus que ce que l'on lui dit. On m'avait tant vanté Paris, que je me l'étais figuré comme l'ancienne Babylone, dont je trouverais peut-être autant à rabattre, si je l'avais vue, du portrait que je m'en suis fait. La même chose m'arriva à l'Opéra, où je me pressai d'aller le lendemain de mon arrivée ; la même chose m'arriva dans la suite à Versailles ; dans la suite encore en voyant la mer ; et la même chose m'arriva toujours en voyant des spectacles qu'on m'aura trop annoncés : car il est impossible aux hommes et difficile à la nature elle-même de passer en richesse mon imagination.

Jean-Jacques ROUSSEAU
Les Confessions, Livre quatrième.

QUESTIONS (4 POINTS)

1) Sur quel contraste le passage est-il construit ? Quelle est la figure de style dominante ?
2) Commenter l'emploi des pronoms et l'emploi des temps.

COMMENTAIRE COMPOSÉ (16 POINTS)

POUR DÉMARRER

On sera surtout attentif au décalage mis en valeur par l'écrivain entre les prestiges illimités et l'imaginaire et le caractère nécessairement décevant de la réalité.

On verra aussi dans quelle mesure, dans cet extrait, l'auteur fait son propre portrait.

Polynésie française

Séries générales

40**

Septembre 1994 **CORRIGÉ**

Thèmes traités :
L'autobiographie. La guerre.

Dans Refus d'obéissance, *publié en 1937, le romancier Jean GIONO explique les raisons de son pacifisme au moment où chacun sent l'imminence d'un second conflit mondial. Il commence par évoquer ses quatre années de combat lors de la Grande Guerre et les traces indélébiles que tout son être en garde.*

Je ne peux pas oublier

Je ne peux pas oublier la guerre. Je le voudrais. Je passe des fois [1] deux jours ou trois sans y penser et brusquement, je la revois, je la sens, je l'entends, je la subis encore. Et j'ai peur. Ce soir est la fin d'un beau jour de juillet. La plaine sous moi est devenue toute rousse. On va couper les blés. L'air, le ciel, la terre sont immobiles et calmes. Vingt ans ont passé. Et depuis vingt ans, malgré la vie, les douleurs et les bonheurs, je ne me suis pas lavé de la guerre. L'horreur de ces quatre ans est toujours en moi. Je porte la marque. Tous les survivants portent la marque.

J'ai été soldat de deuxième classe dans l'infanterie pendant quatre ans, dans des régiments de montagnards. Avec M. V., qui était mon capitaine, nous sommes à peu près les seuls survivants de la première 6ᵉ compagnie. Nous avons fait les Eparges, Verdun-Vaux, Noyon-Saint-Quentin, le Chemin des Dames, l'attaque de Pinon, Chevrillon, le Kemmel. La 6ᵉ compagnie a été remplie cent fois et cent fois d'hommes. La 6e compagnie était un petit récipient de la 27ᵉ division comme un boisseau [2] à blé. Quand le boisseau était vide d'hommes, enfin quand il n'en restait plus que quelques-uns au fond, comme des grains collés dans les rainures, on le remplissait de nouveau avec des hommes frais. On a ainsi rempli la 6ᵉ compagnie cent fois et cent fois. Et cent fois on est allé la vider sous la meule. Nous sommes de tout ça les derniers vivants, V. et moi. J'aimerais qu'il lise ces lignes. Il doit faire comme moi le soir : essayer d'oublier. Il doit s'asseoir au bord de sa terrasse, et lui, il doit regarder le fleuve vert et gras qui coule en se balançant dans des bosquets de peupliers. Mais, tous les deux ou trois jours, il doit subir comme moi, comme tous. Et nous subirons jusqu'à la fin.

Jean GIONO, *Refus d'obéissance,* 1937.

(1) *Des fois :* expression familière employée pour « parfois ».

(2) *Boisseau :* récipient cylindrique d'environ un décalitre qui servait autrefois à mesurer les quantités de grain.

QUESTIONS (4 POINTS)

1) Relever les pronoms personnels et donner leur signification.
2) Étudier les comparaisons et les métaphores du deuxième paragraphe et dégager leurs fonctions.

COMMENTAIRE COMPOSÉ (16 POINTS)

POUR DÉMARRER

Il convient de répondre d'abord aux deux questions qui peuvent fournir un ou deux indices pour la composition du commentaire.
On pourra opposer le thème de la guerre à celui de la nature et montrer comment le traumastisme se prolonge chez l'ancien soldat incapable d'oublier ce qu'il a vu...

Centres étrangers - Groupe 1

Séries générales

41***

Septembre 1994

Thèmes traités :
La mort.

Souffle

Dans l'orbite de la Terre
Quand la planète n'est plus
Au loin qu'une faible sphère
Qu'entoure un rêve ténu [1],

Lorsque sont restés derrière
Quelques oiseaux étourdis
S'efforçant à tire-d'aile
De regagner leur logis,

Quand des cordes invisibles,
Sous des souvenirs de mains,
Tremblent dans l'éther (2) sensible
De tout le sillage humain,

On voit les morts de l'espace
Se rassembler dans les airs
Pour commenter à voix basse
Le passage de la Terre.

Rien ne consent à mourir
De ce qui connut le vivre
Et le plus faible soupir
Rêve encore qu'il soupire.

Une herbe qui fut sur terre
S'obstine en vain à pousser
Et ne pouvant que mal faire
Pleure un restant de rosée.

Des images de rivières,
De torrents pleins de remords
Croient rouler une eau fidèle
Où se voient vivants les morts.

L'âme folle d'irréel
Joue avec l'aube et la brise
Pensant cueillir des cerises
Dans un mouvement du ciel.

Jules SUPERVIELLE, *Gravitations*, 1925.

(1) *Ténu :* très mince et fin.

(2) *Éther :* air très pur des espaces célestes.

QUESTIONS (4 POINTS)

1) Relevez les oppositions.

2) Comment le poème est-il construit ? (syntaxe, choix des styles, etc.).

COMMENTAIRE COMPOSÉ (10 POINTS)

POUR DÉMARRER

On sera attentif aux oppositions entre vie et anéantissement, immatériel et matière sur lesquelles le poème est tout entier organisé.

On n'oubliera pas d'étudier le texte d'abord comme un « objet poétique » (composition, sonorités, etc.).

Groupement I

Séries technologiques

42**

Juin 1995

Thème traité :
L'amour. La jeunesse.

Après un séjour à Paris, un jeune homme, Frédéric, environ 28 ans, retrouve Louise, une jeune provinciale, de douze ans sa cadette. Ils se connaissent depuis longtemps et les familles les considèrent comme « fiancés ».

En moins d'un an, il s'était fait dans la jeune fille une transformation extraordinaire qui étonnait Frédéric. Après une minute de silence, il ajouta :

- Nous devrions nous tutoyer, comme autrefois ; voulez-vous ?

- Non.

- Pourquoi ?

- Parce que !

Il insistait. Elle répondit, en baissant la tête :

- Je n'ose pas !

Ils étaient arrivés au bout du jardin, sur la grève du Livon. Frédéric, par gaminerie, se mit à faire des ricochets avec un caillou. Elle lui ordonna de s'asseoir. Il obéit ; puis, en regardant la chute d'eau :

- C'est comme le Niagara !

Il vint à parler des contrées lointaines et de grands voyages. L'idée d'en faire la charmait. Elle n'aurait eu peur de rien, ni des tempêtes, ni des lions.

Assis, l'un près de l'autre, ils ramassaient devant eux des poignées de sable, puis les faisaient couler de leurs mains tout en causant ; - et le vent chaud qui arrivait des plaines leur apportait par bouffées des senteurs de lavande, avec le parfum du goudron s'échappant d'une barque, derrière l'écluse. Le soleil frappait la cascade ; les blocs verdâtres du petit mur où l'eau coulait apparaissaient comme sous une gaze d'argent se déroulant toujours. Une longue barre d'écume rejaillissait au pied en cadence. Cela formait ensuite des bouillonnements, des tourbillons, mille courants opposés, et qui finissaient par se confondre en une seule nappe limpide.

Louise murmura qu'elle enviait l'existence des poissons.

- Ça doit être si doux de se rouler là-dedans, à son aise, de se sentir caressé partout.

Et elle frémissait, avec des mouvements d'une câlinerie sensuelle.

Gustave FLAUBERT, *L'Éducation sentimentale* (1869), éd. Folio, p. 277.

QUESTIONS (8 POINTS)

1) Commentez l'emploi des temps des verbes conjugués utilisés dans ce texte. *(2 points)*

2) Quels sont les procédés narratifs dont se sert Flaubert dans cet extrait de roman ? *(3 points)*

3) Relevez les champs lexicaux de l'enfance et de la sensualité. Qu'en concluez-vous ? *(3 points)*

ETUDE LITTÉRAIRE (12 POINTS)

1) Comment est mise en valeur la puérilité du couple décrit ? *(6 points)*

2) A quels détails perçoit-on aussi sa sensualité ? *(6 points)*

POUR DÉMARRER

Il importe de commencer le travail par des questions qui faciliteront considérablement l'étude littéraire où l'on dégagera particulièrement le mélange de puérilité et de sensibilité chez Louise et Frédéric.

Groupement II

Séries technologiques

43***

Juin 1995

Thème traité :
La raison. L'enfance. Le souvenir.

Dans cette première page de roman, le narrateur présente l'héroïne Esther.

Saint-Martin-Vésubie, été 1943.

Elle savait que l'hiver était fini quand elle entendait le bruit de l'eau. L'hiver, la neige avait recouvert le village, les toits des maisons et les prairies étaient blancs. La glace avait fait des stalactites au bout des toits. Puis le soleil se mettait à brûler, la neige fondait et l'eau commençait à couler goutte à goutte de tous les rebords, de toutes les solives, des branches d'arbre, et toutes les gouttes se réunissaient et formaient des ruisselets, les ruisselets allaient jusqu'aux ruisseaux, et l'eau cascadait joyeusement dans toutes les rues du village.

C'était peut-être ce bruit d'eau son plus ancien souvenir. Elle se souvenait du premier hiver à la montagne, et de la musique de l'eau au printemps. C'était quand ? Elle marchait entre son père et sa mère dans la rue du village, elle leur donnait la main. Son bras tirait plus d'un côté, parce que son père était si grand. Et l'eau descendait de tous les côtés, en faisant cette musique, ces chuintements, ces sifflements, ces tambourinades. Chaque fois qu'elle se souvenait de cela, elle avait envie de rire, parce que c'était un bruit doux et drôle comme une caresse. Elle riait, alors, entre son père et sa mère, et l'eau des gouttières et du ruisseau lui répondait, glissait, cascadait…

Maintenant, avec la brûlure de l'été, le ciel d'un bleu intense, il y avait un bonheur qui emplissait tout le corps, qui faisait peur, presque. Elle aimait surtout la grande pente herbeuse qui montait vers le ciel, au-dessus du village. Elle n'allait pas jusqu'en haut, parce qu'on disait qu'il y avait des vipères. Elle marchait un instant au bord du champ, juste assez pour sentir la fraîcheur de la terre, les lames coupantes contre ses lèvres. Par endroits, les herbes étaient si hautes qu'elle disparaissait complètement. Elle avait treize ans, elle s'appelait Hélène Grève, mais son père disait : Esther.

J.M.G. LE CLÉZIO,
Étoile errante, éditions Gallimard, Collection Blanche, 1992, pp. 15-16.

QUESTIONS (8 POINTS)

1) Quel est le thème principal de chacun des trois paragraphes ? Justifiez vos réponses. *(3 points)*
2) À quel temps sont conjugués les verbes ? Quel est l'effet produit ? *(2 points)*
3) Commentez le rythme caractéristique de certaines phrases. *(3 points)*

ETUDE LITTÉRAIRE (12 POINTS)

1) Étudiez le rôle que jouent les sensations dans ce texte. *(6 points)*
2) Montrez que le bonheur est associé aux éléments naturels. *(6 points)*

POUR DÉMARRER

On sera surtout attentif aux rythmes de ce texte, à l'emploi caractéristique de l'imparfait et au rôle essentiel que jouent les sensations dans cette description du bonheur ressenti par une petite fille.

Groupement III

Séries technologiques

44***

Juin 1995

Thème traité :
L'angoisse. La forêt.

Je me suis promené dans les avenues de la forêt de Tronçais [1] par une nuit d'été très pure et très sombre. Après avoir dîné au bord du Cher dans une auberge de village, nous roulâmes à la nuit tombée jusqu'à l'étoile de routes qui marque le cœur de la forêt, et nous nous enfonçâmes à pied dans une des hautes avenues noires. Le calme de la nuit était absolu ; une eau grise et cendreuse emplissait la tranchée stagnante entre les falaises surplombantes des arbres, comme l'eau d'un canyon sous-marin. Très vite, la marche se fit silencieuse, puis un sentiment de malaise commença de nous envahir ; nous étions partis pour une longue marche : au bout d'une demi-heure à peine, nous décidâmes de rebrousser chemin. J'ai cru entrevoir cette nuit-là la source de l'angoisse qui père sur la traversée des grands bois par une nuit sans lune. Il n'y a pas d'heures (2) dans la nuit de la forêt haute, pas de marche graduée du crépuscule vers l'aube, rien qui ressemble au chapelet égrené et vivant des heures du jour, mais seulement un état qui semble final et détaché du temps, un état cataleptique (3) et rigide de la matière végétale, qui fait de toute allée forestière par une nuit sombre une allée moins inquiétante encore que funèbre...

Julien GRACQ, *Carnets du grand chemin*, 1992.

(1) *Tronçais :* forêt de l'Allier à l'est de la vallée du Cher.
(2) *Heures :* divisions rituelles de la journée dans la vie des moines.
(3) *Cataleptique :* qui présente les signes apparents de la mort.

QUESTIONS (8 POINTS)

1) Relevez et commentez l'emploi des pronoms. *(2 points)*
2) Relevez les indices temporels. *(2 points)*
3) Montrez comment l'angoisse s'accroît progressivement (procédés de style, champs lexicaux). *(4 points)*

ETUDE LITTÉRAIRE (12 POINTS)

Dans un devoir rigoureusement construit, vous montrerez comment cette promenade en forêt se transforme en aventure intérieure.

POUR DÉMARRER

Avant de travailler sur ce texte assez difficile, on procédera à une lecture très attentive qui permettra d'observer les effets stylistiques, les procédés d'écriture, les choix lexicaux, etc. On montrera en particulier comment est rendue la montée progressive de l'angoisse.

Groupement IV

Séries technologiques

45**

Juin 1995

Thèmes traités :
La fuite. L'angoisse. La mort.

Est-ce une bête ?

Est-ce une bête ou un homme ? Il court,
épouvanté, hagard, entre les ronces,
les souliers lourds, le visage et les mains
ensanglantés. Des cloches sonnent dans sa tête
et le goût de la mort est dans sa bouche.

Où aller ? Vers la gauche ? Les branches craquent sous des bottes.
Vers la droite ? Les chiens grondent. Et, devant lui,
des balles font jaillir l'eau des flaques.

Alors il fonce. Au hasard. La clairière,
blanche sous le soleil, apparaît. Hélas, pas d'ombre !
Pas un fossé, pas un arbre, pas le moindre
abri où s'écrouler avant que viennent les bourreaux !
Déjà les aboiements, de plus en plus nombreux et proches, retentissent
et tout à coup, là, là, dans l'herbe haute,
un des chasseurs se lève et tire ! Un autre
un peu plus loin, puis deux, puis dix, puis cent.
L'horizon fourmille et scintille
de casques, de fusils, de baudriers [1],
d'éclairs de mitrailleuse. L'homme tombe,
rebondit, fait quelques pas, chancelle,
déchiqueté, poussière de sang noir
et s'abat, immobile enfin, tandis que grince,
quelque part, un clairon nasillard.

Mille hommes pour la mort d'un seul ? Ai-je rêvé ?
N'était-ce pas plutôt,
dans un vallon touché par le soleil d'automne,
le grincement d'un chariot,
l'éclat luisant des pommes
et les haillons (2) d'un épouvantail
secoué par le vent paisible ?...

Jean TARDIEU (né en 1903), *Le Fleuve caché.*

(1) *Baudrier :* bande de cuir ou d'étoffe qui soutient une arme.

(2) *Haillons :* vêtement en lambeaux.

QUESTIONS (8 POINTS)

1) À quels détails, malgré sa forme libre, ce texte est-il immédiatement identifiable comme étant un poème ? *(4 points)*

2) Grâce à quels procédés le lecteur parvient-il à s'identifier à l'homme pourchassé ? *(4 points)*

ETUDE LITTÉRAIRE (12 POINTS)

1) Montrez dans un développement organisé que ce poème est construit sur une série d'oppositions. *(5 points)*

2) Quelles sont les diverses interprétations que l'on peut donner à ce texte ? Vous vous justifierez à chaque fois en vous appuyant sur des exemples précis puisés dans le poème. *(7 points)*

POUR DÉMARRER

Les questions permettront d'abord de rappeler que la poésie est aussi une affaire de typographie et de rythmes surtout, que l'on étudiera avec beaucoup d'attention, ainsi que la structure syntaxique (phrases nominales, etc.).

Le poème – et c'est la forme de tout texte poétique – permet en outre une grande liberté d'interprétation (il n'y a pas de sens univoque en poésie) : chasse à l'homme, scène de guerre, rêve ou réalité, etc. ?

Polynésie française

Séries technologiques

46*

Juin 1995

Thème traité :
La nature. L'amour.

Le soleil du matin doucement chauffe et dore
Les seigles et les blés tout humides encore,
Et l'azur a gardé sa fraîcheur de la nuit.
L'on sort sans autre but que de sortir ; on suit,
Le long de la rivière aux vagues herbes jaunes,
Un chemin de gazon que bordent de vieux aunes [1].
L'air est vif. Par moment un oiseau vole avec
Quelque fruit de la haie ou quelque paille au bec,
Et son reflet dans l'eau survit à son passage.
C'est tout.
Mais le songeur aime ce paysage
Dont la claire douceur a soudain caressé
Son rêve de bonheur adorable, et bercé
Le souvenir charmant de cette jeune fille,
Blanche apparition qui chante et qui scintille,
Dont rêve le poète et que l'homme chérit,
Evoquant en ses vœux dont peut-être on sourit
La Compagne qu'enfin il a trouvée, et l'âme
Que son âme depuis toujours pleure et réclame.

VERLAINE, *La Bonne Chanson,* I, 1870.

(1) *Aune :* arbre qui pousse en milieu humide.

QUESTIONS (8 POINTS)

1) Quelles sont les deux grande parties de ce poème ? Selon vous, quel lien les unit ? *(4 points)*

2) Relevez quelques vers qui vous paraissent particulièrement musicaux ou poétiques et essayez de dire pourquoi. *(4 points)*

ETUDE LITTÉRAIRE (12 POINTS)

En un ensemble construit, montrez comment, grâce à l'écriture poétique, l'évocation d'une femme est reliée à la description d'un paysage.

POUR DÉMARRER

On sera attentif à la composition particulière du poème et à l'aspect poétique et musical. On essaiera de montrer avec précision comment la seconde partie éclaire et, en quelque sorte, justifie la première.

Centres étrangers - Groupe 1

Séries technologiques

47**

Juin 1995

Thèmes traités :
Les souvenirs d'enfance. L'école.

A travers le personnage de Jacques, Camus évoque dans cet ouvrage les souvenirs de son enfance, vers 1920, en Algérie, alors département français.

Les manuels étaient toujours ceux qui étaient en usage dans la métropole. Et ces enfants qui ne connaissaient que le sirocco [1], la poussière, les averses prodigieuses et brèves, le sable des plages et la mer en flammes sous le soleil, lisaient avec application, faisant sonner les virgules et les points, des récits pour eux mythiques où des enfants à bonnet et cache-nez de laine, les pieds chaussés de sabots, rentraient chez eux dans le froid glacé en traînant des fagots sur des chemins couverts de neige, jusqu'à ce qu'ils aperçoivent le toit enneigé de la maison où la cheminée qui fumait leur faisait savoir que la soupe aux pois cuisait dans l'âtre. Pour Jacques, ces récits étaient l'exotisme même. Il en rêvait, peuplait ses rédactions de descriptions d'un monde qu'il n'avait jamais vu, et ne cessait de questionner sa grand-mère sur une chute de neige qui avait eu lieu pendant une heure vingt ans auparavant sur la région d'Alger. Ces récits faisaient partie pour lui de la puissante poésie de l'école, qui s'alimentait aussi de l'odeur de vernis des règles et des plumiers, de la saveur délicieuse de la bretelle de son cartable qu'il mâchouillait longuement en peinant sur son travail, de l'odeur amère et rêche de l'encre violette, surtout lorsque son tour était venu d'emplir les encriers avec une énorme bouteille sombre dans le bouchon duquel un tube de verre coudé était enfoncé, et Jacques reniflait avec bonheur l'orifice du tube, du doux contact des pages lisses et glacées de certains livres, d'où montait aussi une bonne odeur d'imprimerie et de colle, et, les jours de pluie enfin, de cette odeur de laine mouillée qui montait des cabans (2) de laine au fond de la salle et qui était comme la préfiguration de cet univers édénique (3) où les enfants en sabots et en bonnet de laine couraient à travers la neige vers la maison chaude.

Albert CAMUS, *Le premier homme.*
(Œuvre posthume publiée en 1994.)

(1) *Sirocco :* vent chaud et sec soufflant du Sahara.

(2) *Cabans :* grandes vestes.

(3) *Édénique :* qui évoque le paradis.

QUESTIONS (8 POINTS)

1) Expliquez le mot « mythiques » (ligne 5) en vous appuyant sur certains éléments du texte. *(2 points)*

2) Sur quelles oppositions la première partie de l'extrait est-elle construite ? *(2 points)*

3) Relevez tous les mots appartenant au champ lexical des sensations et dégagez l'effet produit. *(4 points)*

ETUDE LITTÉRAIRE (12 POINTS)

1) Dans un développement construit et argumenté, vous montrerez comment Camus restitue l'atmosphère d'une classe d'autrefois. *(6 points)*

2) Comment Camus vous fait-il percevoir les sensations et les rêves de Jacques ? *(6 points)*

POUR DÉMARRER

Le vocabulaire des sensations est dans ce texte particulièrement riche ; on en fera, comme demandé, un relevé systématique avant de montrer comment l'auteur restitue un passé révolu avec émotion et nostalgie. Il ne faut pas perdre de vue ce qu'indique la petite introduction sur le lieu (l'Algérie) et la date (1920) où se situe le récit.

Sujet national

Séries technologiques

48**

Novembre 1994

Thèmes traités :

L'histoire. Paris. La Révolution.

Le 14 juillet 1789

Paris, bouleversé, délaissé de toute autorité légale, dans un désordre apparent, atteignit, le 14 juillet, ce qui moralement est l'ordre le plus profond, l'unanimité des esprits.

Le 13 juillet, Paris ne songeait qu'à se défendre. Le 14, il attaqua.

Le 13 au soir, il y avait encore des doutes, et il n'y en eut plus le matin. Le soir était plein de trouble, de fureur désordonnée. Le matin fut lumineux et d'une sérénité terrible.

Une idée se leva sur Paris avec le jour, et tous virent la même lumière. Une lumière dans les esprits et dan chaque cœur une voix : « Va, et tu prendras la Bastille. »

Cela était impossible, insensé, étrange à dire... Et tous le crurent néanmoins. Et cela se fit.

La Bastille, pour être une vieille forteresse, n'en était pas moins imprenable, à moins d'y mettre plusieurs jours et beaucoup d'artillerie. Le peuple n'avait, en cette crise, ni le temps ni les moyens de faire un siège régulier. L'eût-il fait, la Bastille n'avait pas à craindre, ayant assez de vivres pour attendre un secours si proche et d'immenses munitions de guerre. Ses murs de dix pieds d'épaisseur au sommet des tours, de trente ou quarante à la base, pouvaient rire longtemps des boulets ; et ses batteries, à elle, dont le feu plongeait sur Paris, auraient pu, en attendant, démolir tout le Marais, tout le faubourg Saint-Antoine. Les tours, percées d'étroites croisées et de meurtrières, avec doubles et triples grilles, permettaient à la garnison de faire en toute sûreté un affreux carnage des assaillants.

L'attaque de la Bastille ne fut nullement raisonnable, ce fut un acte de foi.

J. MICHELET (1798-1874), *Histoire de la Révolution*.

QUESTIONS

1) Montrez et expliquez les oppositions (première partie du texte). *(4 points)*
2) Quels détails donnent de la Bastille l'image d'une forteresse imprenable ? *(4 points)*

ETUDE LITTÉRAIRE

1) Montrez que la dernière phrase rend compte de tout l'esprit du texte. *(5 points)*
2) Comment l'enthousiasme du narrateur parvient-il à transfigurer le regard de l'histoire ? *(5 points)*

POUR DÉMARRER

L'essentiel, pour l'étude de ce texte, est de bien voir sa « double face » : il s'agit d'abord d'un texte d'historien, précis et rigoureux – mais aussi et surtout d'une vision poétique ; on relèvera de façon méticuleuse tous les procédés qui contribuent à faire de cette scène « un acte de foi » et comment l'idéologie de Michelet transparaît sans cesse dans le récit.

Centres étrangers - Groupe 2

Séries technologiques

49***

Novembre 1994

Thème traité :
L'enfance. La réduction.

(L'auteur évoque son enfance en Sicile)

Souvent j'ai songé à raconter à Tante Rosie les dimanches de Palerme, ceux de ma petite enfance, les dimanches de ma grand-mère, lorsqu'elle nous conduisait à la plage et surveillait nos bains. Ma grand-mère toujours en deuil, cheveux blancs, forte poitrine, robe de crêpe (du violet, du gris ou du noir), bas épais, souliers à bride, jambe enflée. Mon Dieu le succès qu'elle avait... Du plus loin qu'ils l'apercevaient avançant lentement dans le sable où elle s'enfonçait, poitrinant comme une diva [1] prête à lancer son contre-ut et de la hardiesse plein le regard, vingt jeunes gens se précipitaient à sa rencontre, torse avantageux, slip de moins que rien, peau bronzée et des boucles plaquées dans la nuque : « Madame Meri, on va vous le chercher ce gelato [2] ?... » « Madame Meri, on vous le plante le parasol ? » Ils tournoyaient autour d'elle, guettant l'occasion de se rendre utiles. Si l'un de nous en se baignant s'écartait trop du rivage, elle n'avait jamais à crier longtemps. Jamais... Un de ces charmeurs charmés, un volontaire, se signait [3] hâtivement puis se jetait à l'eau tête première, battait vigoureusement des jambes, soufflait de l'eau par les narines, crachait en faisant grand bruit afin qu'elle n'ignorât rien de l'immensité de son effort, s'emparait de l'imprudent qu'il ramenait, de gré ou de force, puis le déposait tout gigotant dans le sable, tout trempé, tout penaud, à ses pieds comme une proie vivante, aux pieds de ma grand-mère, le désobéissant, l'imprudent, au piquet, privé de bain.

Edmonde CHARLES-ROUX, *Oublier Palerme*, 1967.

(1) *Diva* (ligne 6) : célèbre chanteuse d'opéra (le contre-ut est une note très élevée, difficile à atteindre).

(2) *Gelato* (ligne 8) : crème glacée (en italien).

(3) *Se signer* (ligne 11) : faire le signe de croix.

QUESTIONS (10 POINTS)

1) Relevez tous les éléments du texte qui renvoient celui-ci au genre « autobiographique ». *(3 points)*
2) Quels détails du texte indiquent que la scène se déroule en Italie (Sicile) ? *(3 points)*
3) Dans quels passages l'auteur fait-elle preuve d'humour ? Essayer de dégager les procédés utilisés. *(4 points)*

ETUDE LITTÉRAIRE (10 POINTS)

1) Mettez en valeur, dans un développement construit, le sens de la caricature qui apparaît dans le texte. *(5 points)*
2) Montrez que le passage s'apparente à une scène de comédie. *(5 points)*

POUR DÉMARRER

On sera surtout sensible à la vivacité du récit et à l'art avec lequel l'auteur anime des personnages d'autrefois grâce à des descriptions précises et souvent pleines d'humour.

Sujet national

Séries technologiques

50**

Septembre 1994

Thème traité :
L'angoisse.

Hiver 1843. Dans un village de montagne, des habitants ont disparu. Quelque chose rôde...

On écoute. Père ne tire plus sur sa pipe. Mère tient en suspens la poignée de sel sur la soupe. Ils se regardent. Nous regardent. Père soupire et son soupir emporte un mince petit fil de fumée. Ce qu'il faudrait, c'est que le bruit recommence. On est aux aguets, justement pour le juger tout de suite, dangereux ou pas. Mais, silence maintenant. On ne sait pas. L'indécision. Tout est possible. On ne peut pas juger. Le fil de fumée que père soupire s'allonge, s'allonge indéfiniment. Mère laisse tomber grain à grain son gros sel dans la soupe avec des : floc, floc, floc...

Le fusil était sur la table. Mère approche sa main de la marmite et glisse toute la poignée de sel dans la soupe. Il est cinq heures du soir. Encore dix-sept heures à attendre avant que le petit jour gris réapparaisse. Passe dehors un geste souple... D'habitude on sait que ce sont les longues branches du saule qui se délivrent de leur poids de neige. Serait-ce ? ... Est-ce que c'est ? ... Oui ? Non ? Non. Volètement doux de la neige qui a recommencé à tomber, frémissements dans le chaume, craquements comme des pas étouffés dans la paille.

Jean GIONO, *Un roi sans divertissement,* 1947.

QUESTIONS (8 points)

1) Essayez de caractériser le style de l'auteur (types de phrase, vocabulaire, etc.). *(4 points)*
2) Par quels procédés (emploi de pronoms, etc.) l'auteur fait-il partager au lecteur les sensations éprouvées par les personnages ? *(4 points)*

ÉTUDE LITTÉRAIRE (12 points)

1) Qu'apprend-on dans le texte sur le lieu ? La situation ? *(4 points)*
2) Dans un développement construit, montrez comment l'auteur rend sensible la montée progressive de l'angoisse. *(8 points)*

POUR DÉMARRER

Il faut analyser de près les procédés stylistiques (longueur des phrases, emploi de certains pronoms, etc.).

On pourra relever toutes les indications (l'heure, le climat, etc.) qui contribuent à créer l'angoisse.

Antilles-Guyane

Séries technologiques

51**

Septembre 1994

Thème traité :

La pauvreté.

Je pense à un enfant qui vécut dans un quartier pauvre. Ce quartier, cette maison ! Il n'y avait qu'un étage et les escaliers n'étaient pas éclairés. Maintenant encore, après de longues années, il pourrait y retourner en pleine nuit. Il sait qu'il grimperait l'escalier à toute vitesse sans trébucher une seule fois. Son corps même est imprégné de cette maison. Ses jambes conservent en elles la mesure exacte de la hauteur des marches. Sa main, l'horreur instinctive, jamais vaincue, de la rampe d'escalier. Et c'était à cause des cafards.

Les soirs d'été, les ouvriers se mettent au balcon. Chez lui, il n'y avait qu'une toute petite fenêtre. On descendait alors des chaises sur le devant de la maison et l'on goûtait le soir. Il y avait la rue, les marchands de glaces à côté, les cafés en face, et des bruits d'enfants courant de porte en porte. Mais surtout, entre les grands ficus, il y avait le ciel. Il y a une solitude dans la pauvreté, mais une solitude qui rend son prix à chaque chose. A un certain degré de richesse, le ciel lui-même et la nuit pleine d'étoiles semblent des biens naturels. Mais au bas de l'échelle, le ciel reprend tout son sens : une grâce sans prix. Nuits d'été, mystères où crépitaient des étoiles ! Il y avait derrière l'enfant un couloir puant et sa petite chaise, crevée, s'enfonçait un peu sous lui. Mais les yeux levés, il buvait à même la nuit pure. Parfois passait un tramway, vaste et rapide. Un ivrogne enfin chantonnait au coin d'une rue sans parvenir à troubler le silence.

A. CAMUS (1913-1960),

L'Envers et l'Endroit, 1937, II, Entre oui et non,

NRF Gallimard, pp. 62, 63.

QUESTIONS (8 POINTS)

1) Comment voit-on que l'auteur prend du recul par rapport à son passé ? (choix des pronoms, etc.) *(4 points)*

2) Quelles sont les richesses qui se dégagent de ce contexte de pauvreté ? *(4 points)*

ETUDE LITTÉRAIRE (12 POINTS)

1) Essayer de dégager les sentiments ressentis par le narrateur. *(4 points)*

2) Dans un développement construit, mettez en valeur tous les contrastes qui se développent de ce passage. *(8 points)*

POUR DÉMARRER

Il importe de répondre aux questions dans l'ordre où elles sont posées et de les rédiger avec soin (le style télégraphique est proscrit !).

On dégagera l'atmosphère particulière du passage et ses contrastes (le « luxe » naturel de la nuit opposé à la médiocrité de l'environnement matériel).

Polynésie française

Séries technologiques

52**

Septembre 1994

Thèmes traités :
L'imagination. La poésie.

Ma muse

Je chante l'Europe, ses chemins de fer et ses théâtres
Et ses constellations de cités, et cependant
J'apporte dans mes vers les dépouilles d'un nouveau
monde :

Des boucliers de peaux peints de couleurs violentes,
Des filles rouges, des canots de bois parfumés,
des perroquets,
Des colliers d'or vierge, des fruits étranges, des arcs
sculptés,
Et tout ce qui suivait Colomb dans Barcelone.
Mes vers, vous possédez la force, ô mes vers d'or,
Et l'élan de la flore et de la faune tropicales,
Toute la majesté des montagnes natales,
Les cornes du bison, les ailes du condor !
La muse qui m'inspire est une dame créole,
Ou encore la captive ardente que le cavalier emporte
Attachée à la selle, jetée en travers de la croupe,
Pêle-mêle avec des étoffes précieuses, des vases d'or et
des tapis,
Et tu es vaincu par ta proie, ô llanero ! (1)
Mes amis reconnaissent ma voix, ses intonations
Familières d'après dîner, dans mes poèmes.
(Il suffit de savoir mettre l'accent où il faut.)
Je suis agi par les lois invincibles du rythme,
Je ne le comprends pas moi-même : elles sont là.
O Diane, Apollon, grands dieux neurasthéniques (2)
Et farouches, est-ce vous qui me dictez ces accents,
Ou n'est-ce qu'une illusion, quelque chose
De moi-même purement – un borborygme (3) ?

Valéry Larbaud, Œuvres complètes, Bib. de la Pléiade, Gallimard, p. 60.

(1) *Llanero :* paysan du llanos, terme espagnol désignant une plaine herbeuse, en Amérique du Sud.

(2) *Neurasthénique :* qui est atteint d'un état permanent d'abattement et de tristesse morbide.

(3) *Borborygme :* bruit produit par le déplacement des gaz dans les circonvolutions intestinales.

QUESTIONS (8 POINTS)

1) Dégagez tous les éléments qui renvoient au monde moderne puis ceux qui évoquent l'exotisme. *(5 points)*

2) Relevez les allusions mythologiques. *(3 points)*

ETUDE LITTÉRAIRE

1) Dans un développement composé, vous montrerez le rapport qui unit le texte à son titre. *(5 points)*

2) A travers ce texte, caractérisez l'idée que se fait Larbaud de la poésie. *(5 points)*

POUR DÉMARRER

On sera attentif essentiellement aux oppositions qui parcourent ce poème, et qui définissent la conception que se fait Larbaud de son art, synthèse de ce qu'il vit et aime — le monde moderne — et les sources plus profondes de son être — origines géographiques, lectures, inconscient, etc. (Le dernier mot du poème devra être analysé.)

Sujet nouveau

Séries générales et technologiques

53**

CORRIGÉ

Thèmes traités :
La guerre. La mort.

Le mal

Tandis que les crachats rouges de la mitraille
Sifflent tout le jour par l'infini du ciel bleu ;
Qu'écarlates ou verts, près du Roi qui les raille,
Croulent les bataillons en masse dans le feu ;

Tandis qu'une folie épouvantable broie
Et fait de cent milliers d'hommes un tas fumant ;
– Pauvres morts ! dans l'été, dans l'herbe, dans ta joie,
Nature ! ô toi qui fis ces hommes saintement !... –

Il est un Dieu qui rit aux nappes damassées
Des autels, à l'encens, aux grands calices d'or ;
Qui dans le bercement des hosannah s'endort,

Et se réveille, quand des mères, ramassées
Dans l'angoisse, et pleurant sous leur vieux bonnet noir,
Lui donnent un gros sou lié dans leur mouchoir !

RIMBAUD. *Poésies,* 1870.

BACCALAURÉAT GÉNÉRAL. COMMENTAIRE LITTÉRAIRE

RIMBAUD, *Le Mal,* 1870.

QUESTIONS (4 POINTS)

1) De combien de phrases ce poème est-il constitué ? Relevez le ou les verbes principaux. Quelle correspondance peut-on établir entre l'organisation grammaticale du texte et la forme poétique utilisée par Rimbaud ? *(2 points)*

2) Quelles particularités formelles, par rapport au reste du poème, observez-vous dans les vers 7 et 8 ? *(2 points)*

VOUS PRÉSENTEREZ DE CE POÈME UN COMMENTAIRE COMPOSÉ (16 POINTS)

POUR DÉMARRER

Les questions permettront d'ébaucher un plan pour le commentaire.

On sera particulièrement attentif à la structure particulière du texte (opposition entre quatrains et tercets; parenthèse consacrée à la nature).

Baccalauréat technologique. Etude littéraire

Rimbaud, *Le Mal*, 1870.

PREMIÈRE PARTIE (8 POINTS)

1) Question 1 ci-dessus *(3 points)*

Ou : Quelle est la forme poétique utilisée ?

2) Relevez les oppositions lexicales. *(3 points)*

3) Identifiez la figure de style utilisée au premier vers. Justifiez votre réponse. *(2 points)*

DEUXIEME PARTIE (12 POINTS)

1) Étudiez le rôle joué dans ce poème par les champs lexicaux des différentes sensations. *(6 points)*

2) Vous expliquerez, en vous appuyant sur des éléments précis du texte et en étant très attentif aux principaux procédés d'expression (organisation grammaticale, figures de style, versification, éléments prosodiques, etc.), comment l'on peut interpréter le titre donné par Rimbaud à son poème. *(6 points)*

POUR DÉMARRER

Les questions ne posent pas de problèmes particuliers (il vise surtout à faire regarder le texte de près).

Pour la deuxième partie, on veillera à présenter des ensembles composés avec soin et rigueur.

3e partie

Dissertation sur un sujet littéraire

Sujet nouveau

Séries générales et technologiques

Série L

54***

CORRIGÉ

Parties du programme abordées :

La tragédie.

LES TRAGÉDIES DE RACINE

À travers la ou les tragédies de Racine que vous avez étudiées, dégagez les caractéristiques du tragique racinien.

AUTRES SUJETS POSSIBLES :

- Présentez un personnage (héros ou héroïne) racinien.
- La peinture de la passion dans les tragédies de Racine.
- La fatalité dans les tragédies de Racine.

POUR DÉMARRER

On n'abordera ce type de sujet qu'avec un minimum de connaissances requises: lecture d'au moins deux tragédies (ne pas se contenter de celle étudiée en classe), bonne maîtrise du contexte historique, littéraire, religieux, etc. et surtout de ce qui fait le caractère essentiel du genre...

On veillera à traiter avec rigueur le sujet précis (et non à déverser tout son savoir sur la tragédie).

Séries L, ES, S

55***

CORRIGÉ

Partie du programme abordée :
Le roman d'apprentissage (XIXe siècle).

Dans quelle mesure tous les romans d'apprentissage pourraient-ils s'intituler *Illusions perdues* ? Vous répondrez à cette question en vous appuyant sur le ou les romans que vous avez étudiés.

POUR DÉMARRER

Ici encore, le choix des exemples est essentiel : une bonne connaissance de quelques romans sur le thème est donc indispensable si l'on veut argumenter correctement. On tentera de faire une synthèse convenable (quels sont les points communs entre tous ces romans ? Quels sont les désirs des personnages, leurs ambitions, leurs réussites et leurs échecs ? etc.).

Toutes séries

56***

CORRIGÉ

Parties du programme abordées :
Le conte philosophique.

LES CONTES DE VOLTAIRE

Dans quelle mesure peut-on dire que les personnages des contes philosophiques de Voltaire ont le bonheur comme unique objectif ?

AUTRES SUJETS POSSIBLES :

- Les contes philosophiques de Voltaire sont-ils des récits d'apprentissage?
- La critique de la société dans les contes philosophiques de Voltaire.
- Réalisme et fantaisie dans les contes philosophiques de Voltaire.

POUR DÉMARRER

On cherchera d'abord les exemples pouvant illustrer l'argumentation. Puis on élaborera un plan solide. On aura intérêt à ne pas se contenter de la lecture d'un seul conte. Il est indispensable de connaître aussi le contexte historique, social, religieux, etc.

Glossaire

I. Quelques figures de rhétorique

On appelle « rhétorique » l'ensemble des moyens par lesquels on entend donner plus d'efficacité à un discours, oral ou écrit ; par là, le locuteur entend mieux convaincre ou persuader : séduire.

Anaphore :

« Il n'y a pas d'amour qui ne soit à douleur
Il n'y a pas d'amour dont on ne soit meurtri
Il n'y a pas d'amour dont on ne soit flétri » (L. Aragon)
C'est la répétition d'un même mot (ou groupe de mots) au début de plusieurs vers successifs (ou phrases).

Antanaclase :

« Le cœur a ses raisons que la raison ne connaît pas. » (Pascal)
On utilise dans la même phrase le même mot deux ou plusieurs fois, mais à chaque fois dans un sens différent.

Antiphrase :

« Tu es propre » dit la mère de famille à son enfant revenant maculé de boue de l'école...
C'est utiliser un antonyme à la place du mot juste. Le procédé est souvent utilisé par Voltaire (effet d'ironie).

Antithèse :

« J'aime être libre et veux être captif. » (Ronsard)
C'est le rapprochement volontaire dans une même phrase de deux antonymes.

Antonomase :

C'est un tartuffe, un machiavel, un don juan...
Un nom propre devient nom commun pour désigner qualité, défaut, manière d'être (voire un objet : calepin, guillotine... hommage à l'inventeur).

Chiasme :

« Et l'on voit de la flamme aux yeux des jeunes gens,
Mais dans l'œil du vieillard on voit de la lumière. » (Hugo)

La relation entre deux mots, ou groupes de mots, est répétée, mais en ordre inverse : ici groupe avec « voit » puis « yeux » repris au vers suivant en « œil » puis « voit » (AB/B'A').
On parle d'antimétabole si les mêmes mots sont répétés en ordre inverse : « Il faut manger pour vivre et non vivre pour manger. » (Molière)

Comparaison

« Elle a passé, la jeune fille,
Vive et preste comme un oiseau. » (Nerval)
Elle met en parallèle deux mots, deux sens, reliés par « comme » ou « ainsi que ». C'est une « image » (voir « métaphore »).
« Ses cheveux sont blonds comme les blés » : usée, comparaison devient cliché.

Euphémisme :

« Elle a vécu Myrto, la jeune Tarentine. » (Chénier)
C'est une atténuation du signifiant par rapport au signifié : au mot « mort », trop brutal, le poète substitue « a vécu », moins choquant. Notre époque use et abuse des euphémismes : faute de changer la réalité, on change les mots : demandeurs d'emploi, sans-abri, techniciens de surface remplacent chômeurs, clochards, balayeurs...

Gradation :

« Baptême d'eau, baptême de feu, baptême de sang : il n'y a rien que je vous refuse. » (Voltaire)

Plusieurs termes, ici associés à une répétition, ou anaphore, sont énoncés en ordre croissant. Ces termes peuvent être parfois quasi synonymes (disposés en ordre croissant ou décroissant, selon l'effet voulu).
« Vous ne donnez qu'un jour, qu'une heure, qu'un moment. » (Racine, *Andromaque)*

Homéotéleute :

« Tiens ! capon, félon, histrion, fripon, souillon, polochon ! » (Alfred Jarry)
C'est un jeu sur les mots : accumulation, dans un texte en prose, de termes rimant entre eux, avec effet souvent humoristique (figure appréciée de Rabelais, Balzac, etc.).

Hypallage :

« Trahissant la vertu sur un papier coupable » (Boileau)
Il y a ici un transfert d'adjectif (sorte de personnification) : ce n'est pas le papier qui est coupable, mais celui qui écrit dessus...

Hyperbole :

« Allez, vous devriez mourir de pure honte. » (Molière : Alceste reproche à Philinte d'avoir salué un homme qu'il connaît à peine…)
C'est le contraire de l'euphémisme : ici, le signifiant est exagéré par rapport au signifié. Figure très utilisée dans le langage courant : « Je suis mort de soif, de fatigue, etc. »

Litote :

« Ce n'est pas un mauvais sort que d'être jeune, beau et prince. » (Giraudoux)
Elle consiste, souvent par pudeur, à dire « le moins » pour faire comprendre « le plus » (ne pas confondre avec l'euphémisme qui cherche à éviter de blesser par un mot cru et direct, là où la litote, par un mot apparemment insignifiant, laisse entendre un sens très fort : « ce n'est pas mal » peut signifier « c'est excellent »).

Métaphore :

« Ce toit tranquille où marchent des colombes. « (Valéry : le poète désigne ainsi la mer où voguent des voiliers.)
C'est une image, une comparaison, mais sans terme comparatif explicite (ni comme, ni ainsi, etc.). La métaphore ne désigne pas, mais suggère… Usée, elle devient cliché ou stéréotype (et passe dans le langage courant) : rayons d'or du soleil ou village blotti dans la vallée…

Métonymie :

« Boire un verre sur le zinc«
On remplace un mot par un autre qui entretient un rapport logique avec le mot remplacé, ici le contenant (verre) à la place du contenu (le liquide absorbé) ou la matière (zinc) au lieu de l'objet qui en est constitué (comptoir de bar).
Lorsqu'il y a rapport d'inclusion (usage de la partie pour le tout ou inversement), on parle de *synecdoque* dont les usages strictement littéraires sont plus fréquents.
« J'ignore le destin d'une tête si chère » (Racine). La tête désigne naturellement l'ensemble de la personne (y ajoutant une valeur affective).

Oxymore :

« Par ma foi, voilà un beau jeune vieillard pour quatre-vingt-dix ans » (Molière)
On rapproche ici, par la syntaxe, deux mots contraires (antithétiques).

Paronomase :

« En vivant et en voyant les hommes, il faut que le cœur se brise ou se bronze. » (Chamfort)
C'est le rapprochement de deux mots aux sonorités proches (parfois des paronymes) ; sont obtenues ainsi des formules frappantes (ou humoristiques).

Périphrase :

« C'était l'heure tranquille où les lions vont boire » (Hugo)
Au lieu du mot précis (ici : le soir), on utilise un groupe de mots plus ample, descriptif, imagé, jugé plus évocateur. Ainsi Du Bellay devient « l'auteur des *Regrets* ». La périphrase peut remplacer un mot jugé bas ou vulgaire (préciosité) : le balai devient « l'instrument de la propreté ».

Prétérition :

« Je ne me défends pas d'ailleurs. Mon œuvre me défendra. C'est une œuvre de vérité, etc. » (Zola)
On feint de ne pas vouloir dire ce qu'en réalité on affirme clairement : ainsi Zola dans la préface de *l'Assommoir* défendant son œuvre... Très utilisée dans le langage courant : « inutile de dire qu'il n'est pas venu... » (on le dit néanmoins).

Zeugma :

« Les voisins se dévisageaient et jetaient une petite malédiction, un rire, une épluchure dans le sillage de chaque passant. » (Colette)
C'est l'association à un même verbe (ou à une même préposition) de deux compléments d'ordres différents (un abstrait et un concret par exemple).

II. Quelques notions de versification

Un vers français se définit par sa *mesure,* qui dépend du nombre de *syllabes* utilisé dans chaque vers (métrique).

Comment compter ?

Attention au « e muet » : il compte pour une syllabe s'il précède une consonne ; s'il est en fin de vers ou précède une voyelle, il ne compte pas.

« Ce toit tranquil (le) où march*ent* des colomb (es) »

Attention à la *diérèse* : lorsque deux voyelles se suivent, on peut compter une ou deux syllabes : lion (1) ou li-on (2) ; il y a « diérèse » lorsqu'on prononce « li-on » : « Le vi-olon frémit comme un cœur qu'on afflige » (Baudelaire)

Les différents mètres :
On distingue vers impairs (peu utilisés sauf les vers de sept syllabes, avant Verlaine qui en vante l'harmonie) et vers pairs.
L'alexandrin, vers de douze syllabes, est le plus utilisé :
« Seigneur, que faites-vous, et que dira la Grèce ? » (Racine)
Il comporte deux *accents* principaux (sur les 6e et 12e syllabes) et deux accents secondaires, variables (ici 2e et 10e syllabes).
Il se compose de deux *hémistiches,* séparés par une *césure* (pause qui permet la respiration, plus ou moins marquée) ; le rythme est ici binaire. Certains alexandrins (dits *trimètres*) ont un rythme ternaire :

« Toujours aimer, toujours souffrir, toujours mourir » (Corneille)

Le *décasyllabe* comporte dix syllabes (disposées en groupe 4/6 ou 6/4 plus rarement) ; *l'octosyllabe* huit et *l'hexamètre* six (ou hexasyllabe).
La *rime* caractérise aussi le vers français :
- rime *féminine* : se termine par un *e* muet (suivi au besoin de *s* ou *nt* - conjugaisons) ;
- rimes *masculines* : toutes les autres ;
- alternance des rimes : règle obligatoire en versification classique (alternance des masculines et des féminines) ;
- disposition des *rimes* :
  rimes *plates* : AABBCC, etc.,
  rimes *croisées* ou *alternées* : ABAB,
  rimes *embrassées* : ABBA.

La *strophe* est un groupe de vers dans chacun desquels la disposition des rimes et la mesure des vers sont identiques.

Strophe de deux vers : *distique*, de trois : *tercet*, de quatre : *quatrain,* de cinq : *quintil,* de six : *sizain* (puis *septain, huitain,* etc.).

Le *sonnet,* poème dit à forme fixe, est composé de deux quatrains et de deux tercets dont la disposition des rimes est la suivante : ABBA ABBA CCD EDE ou EED.

Phrase et vers :
Enjambement : lorsque la phrase ne s'arrête pas en fin de vers (absence de ponctuation) et déborde sur le vers suivant.
Rejet : l'élément qui déborde sur le vers suivant est court ; le mot est ainsi mis en valeur.

« Comment vous nommez-vous ? Il me dit : Je me nomme (enjambement)
Le pauvre. – Je lui pris la main : Entrez, brave homme. »
(rejet du mot « pauvre »)

Contre-enjambement, contre-rejet :

La phrase commence à la fin du premier vers et déborde sur l'ensemble du suivant :

« Souvenir, souvenir, que me veux-tu ? L'automne (contre-rejet : l'automne)
Faisait voler le givre à travers l'air atone. » (Verlaine)

Sonorités

Allitération : répétition intentionnelle et expressive d'une même sonorité consonantique.

« Valse mélancolique ou langoureux vertige » (Baudelaire)

« Voici venir les temps où vibrant sur sa tige »
Assonance : répétition d'un même son vocalique.

III. Autres notions utiles

Synonymes : mots de sens voisins, mais d'usages divers (ami, camarade, copain).

Antonymes : mots de sens contraires (ami, ennemi).

Homonymes : mots différents, de prononciation identique (mer, mère, maire).

Paronymes : mots proches par leurs sonorités (sceptre, spectre).

Signifiant : forme du mot, graphie, sonorité, aspect extérieur.

Signifié : sens (parfois multiples) du mot.

Dénotation : le ou les sens d'un mot (que l'on peut trouver dans le dictionnaire).

Connotation : tout l'environnement culturel, poétique, affectif d'un mot (père et papa ont la même dénotation, mais une connotation très différente). La connotation peut être valorisante, péjorative, etc.

Achevé d'imprimer sur les presses de
l'imprimerie Maulde et Renou-Aisne
Dépôt légal n° 9532 – août 1995
Imprimé en France